新装版

親鸞セミナー　浄土三部経

堤　玄立

法藏館

本書は、昭和五八（一九八三）年刊行の『親鸞セミナー　浄土三部経』第一刷をオンデマンド印刷で再刊したものである。

再刊にあたって、今日の人権意識に照らして好ましくない表現が見られますが、原文の時代背景や著者が差別を助長する意図で使用していないこと、著者が故人となっていることなどを考慮し原文のままといたしました。

はじめに

「浄土真宗」は、親鸞《しんらん》聖人によって開かれました。もとより、聖人に開宗の意図があったわけではなく、ご自身は、「よき人（法然《ほうねん》上人）の仰《おお》せを蒙《こうむ》って信ずるよりほかに別の子細はない」（『歎異抄』）と申されているとおりであります。

法然上人が『選択《せんじゃく》本願念仏集』を著わされて、『浄土三部経』と世親の『浄土論』との三経一論を正依《しょうえ》として、偏《ひとえ》に善導一師に依《よ》って「浄土宗」を開き、その師資相承をお示しになったのでありますが、聖人は、この法然上人にみちびかれて、如来《にょらい》の本願にめぐりあい、『浄土三部経』の中、とりわけ『大無量寿経』こそが、釈尊がこの世にお出ましあそばされた本意をあらわす「出世本懐《ほんがい》の経典」であると仰がれ、それは釈尊ご一代の説法の究極である「真実の教」であり、その主旨とするところは「浄土真宗」であるとさだめられたのでありました。

「宗」は、「むね」と読まれますように、主旨、本旨を意味する語であり、経・論等に説かれている教の内容の中心、信奉すべき枢要《すうよう》を指しますが、転じて、依りどころとする経・論等が主旨とする「宗」を信奉し実践する教団、あるいは特定の経・論等を研究し学修する学派をも意味するようになりました。

親鸞聖人が『顕浄土真実教行証文類』（一般に『教行信証』の名で知られています）に、

大無量寿経　真実之教
浄土真宗

とかかげられたのは、前者の意味でありますが、それを私たち聖人の流れをくむ者が教団の名称として用いているのであります。

『大無量寿経』は、阿弥陀如来が法蔵菩薩《ぼさつ》と名のる因位のすがたをあらわして本願を成就し、真理の蔵《くら》を開いて、愚かな劣った人びとのために念仏の一行を選んで施し、信心の正因によって現生に正定聚《しょうじょうじゅ》に住させ、当来に真実報土に往生して無上涅槃《ねはん》の極果《ごくか》をさとらせる道を説く経典であります。釈迦牟尼《むに》仏はこの教を説き、生きとし生ける者に真実のめぐみをあたえようとして、この世にお出ましになられたのでした。

この『経』は、如来の本願を説くことを宗致（主旨）とし、経の体（本質）は仏の名号であると、親鸞聖人は申されていますが、つまり、「浄土真宗」とは、如来の本願のはたらきによって、私たちが浄土に往《ゆ》き生まれて無上涅槃のさとりを得る往相《おうそう》も、利他円満の妙位を証して迷いの世界に還《かえ》り生きとし生ける者を教化する還相《げんそう》も、それらはすべて、如来の清浄願心にもとづき、本願を成就《じょうじゅ》して、その大善・大功徳を「南無《なも》阿弥陀仏」の名号におさめ、私たちの救いのために功徳を廻《めぐ》らしひるがえしてさし向けて下さる「廻向《えこう》」によることを主旨とするものであります。それは親鸞聖人にとりましては、

「愚禿釈の親鸞は、慶《よろこ》ばしいことには、インド・西域の聖典や、中国・日本の祖師がたの註

釈に、遇《あ》いがたいのに今遇うことができ、聞きがたいのに已《すで》に聞くことができまして、〔『大無量寿経』に説きあらわされた〕真宗の教・行・証を敬い信じ、ことに如来の恩徳の深いことを知らせていただきました。そこで、*聞こえたところを慶び、獲させていただいたままを嘆《たた》えたてまつるばかりです」（『教行証文類』総序）

と、領解されたのであります。

* 総序に「聞く所を慶び、獲る所を嘆ずる」とあるのを、「聞こえたところ……」と意訳したのは、西本願寺蔵版の『意訳教行信証』にしたがいました。「聞」という語についての聖人の深い味わいがあらわれていると考えたからです。

「聞」については、『大経』の本願成就文に「あらゆる衆生、其の名号を聞きて、信心歓喜せんこと、乃至一念せん、至心廻向せしめたまえり」とあり、それを親鸞聖人は、

「聞というのは、生きとし生ける者が、仏願の生起本末、〔つまり、阿弥陀仏が本願をおこされた目的とそれによって現に到達された結果〕をうけたまわって、疑いの心が全くないことである」（『信文類』）

とも、また、

「聞くというのは、本願を聞いて、疑う心がないのを聞《もん》というのである。また、聞くというのは、信心をあらわす教勅である」（『一念多念文意』）

とも釈しておられます。

この「総序」のおことばこそ、聖人の、仏教に対する基本姿勢、根本態度であると申せましょう。聖人に、一宗を開創しようという意図がなかったことは申すまでもありませんが、この基本

姿勢、根本態度は、聖人の全著作に一貫するところであります。経・論・釈の要文をぬきだし、ひろいあつめて、体系的にまとめた「文類」という形式によって、ご自身の思想信仰を表明されたこと、また、多くの和讃を製作されていますが、それは単に和語による讃歌というだけでなく、「やわらげ　ほめ」る心でつらぬかれていること、さらに、聖人の帰洛後、東国の門徒たちに、聖覚・隆寛など同門の法兄の著作を書きあたえて読むことをすすめ、「文意《もんい》」として、それらに引用された経論釈の要文に、田舎の人びとへのこまやかな心づかいから仏意を心得やすいようにと、こまごまと註釈を加えられたこと、そのいずれをみましても、聖人の著作態度は、釈尊の説法と伝統の祖師がたのみちびきにより、如来の本願にめぐり遇い、念仏申す身となったことの、知恩報徳のよろこびをあらわすものであったことが知られましょう。

このたび、浄土真宗を初めて学ぼうとする方がたのために、聖典入門の筆をとりましたが、たえずこの聖人の基本姿勢、根本態度を心にとどめ、それにもとらないようにしたいと思います。

目次

II　仏説無量寿経

I 仏典の歴史

一　ブッダの教説と大乗経典

ゴータマ・ブッダが創始された仏教は、三つの大きな流れとなって、各地に弘まりました。一つは、インドから中央アジアを経て、西暦紀元前後に中国に伝わり、朝鮮・日本に弘まった大乗を主とする北伝仏教、もう一つは、インドからスリランカ・ビルマ・タイなどに弘まった南方上座部の南伝仏教、そして、最後の一つは、ヒマラヤを越えて、公式には七世紀にチベットに伝わり、蒙古・満州に弘まったチベット伝の仏教であります。

これらの仏教は、それぞれに聖典を伝えているのでありますが、北伝のそれは、中国において梵本（サンスクリット語のテキスト）等から翻訳されたものであり、その集大成を「大蔵経」、あるいは「一切経」と呼んでいます。「大蔵経」に収められた仏典の数はおびただしく、高楠順次郎博士が畢生の事業として編纂《へんさん》された『大正新脩《しんしゅう》大蔵経』には、正蔵・続蔵・古逸疑似部をあわせて、三〇五二部、一一九七〇巻を収め、それに昭和法宝目録と図像部を加えますと、三四九三部、一三五二〇巻をかぞえます。

南伝のそれは、南方上座部に伝承されたパーリ語の三蔵を中心とするものであり、チベット伝のそれは、スロンツェンガンポ王（七世紀）がトンミサンボータに命じて、チベット文字や文法をさだめさせ、これにもとづいて、梵本からの翻訳を行わせたものであります。そして、私たちは、今日では漢訳の仏典だけではなく、これらの聖典にも接することができるようになり、仏教の典籍に関する言語的・歴史的研究が大いに進みました。その結果、仏教の経典は歴史的な発展過程の中で逐次に成立し増広されてきたことが明らかになり、大乗経典はゴータマ・ブッタが直接に説かれたものではないという意味で、一時は「大乗非仏説」論が、学界をにぎわわせたのでありました。

たしかに、大乗仏教は、ゴータマ・ブッダ（釈尊）がおかくれになられてから、数百年の後に成立したものでありますので、その経典は、直接にゴータマ・ブッダが説かれたものではないという意味では、「非仏説」といえましょう。しかし、大乗仏教徒たちは、当時の伝統的な部派仏教にあきたらず、ブッダがこの世にお出ましになり「法」を説かれた意義をたずね、その説かれた「法」の意味を明らかにしようとして、ついに独自の宗教体験において、時と所を超えたブッダにお目にかかることができ、ブッダの説法を感得できたともいえるのであって、この意味からすると、大乗経典もまた、まさしく「仏説」にほかならないのであります。

このことをたしかめるために、しばらく仏典成立のあとをたどってみましょう。

二　ゴータマ・ブッダのさとり

ゴータマ・ブッダは、尼連禅河《ネーランジャラー》のほとり、菩提樹《ぼだいじゅ》の下に静坐し、しずかに心を凝《こ》らして「縁起《えんぎ》」の法を観じて、さとりを開かれたと伝えられています。

「縁起」の法とは、私たちはなぜ、迷いの生存として苦しみつづけなければならないのか、また、どうすれば苦しみから完全に解放され得るのかという根本問題をあきらかにした真理であります。つまり、すべての存在は、直接的な原因である因と、間接的な条件である縁とが和合するところに、相依相待《そうえそうだい》的に成立する仮象にほかならず、その関係を、

これがあるから、かれがある。
これが生ずることにより、かれが生ずる。
これがなければ、かれがない。
これが滅することにより、かれが滅する。

とみるのであります。すべての現象的存在、迷妄的生存は、このような条件関係において成り立っているので、それらはすべて「諸行無常」として絶えず生滅変化しうつりかわるものであり、また、それらはみな、永遠に存続し（常）、自主独立して存在し（一）、中心的な所有者として（主）、一切を支配する（宰）というような、実体な「我《が》」としてあるのではないから「諸法無我」であります。にもかかわらず、人びとは、これらの存在を、永遠にかわらないもの（常）、たのしいもの（楽）、実体があるもの（我）、きよらかなもの（浄）であると執われ、それに愛著することによって、苦しみ悩むのであって、その意味では、まさしく「一切は皆、苦である」というほかはありません。このように、なぜ苦しみが生ずるのか、どうすれば苦しみが滅するのかという基本原理を示すものが「縁起」の法であります。この理法は、仏が世にお出ましになられると否《いな》と

にかかわらず、不変の法則であり、仏は、「縁起」の法をさとることによって仏と成るといわれますように、迷いを転じて悟りを開かせる真理であります。

原始仏教の経典においては、「縁起」はしばしば「十二縁起」として説かれています。すなわち、

「無明《むみょう》によって行《ぎょう》がある。行によって識《しき》がある。識によって名色《みょうしき》がある。名色によって六処《りくしょ》がある。六処によって触《そく》がある。触によって受《じゅ》がある。受によって愛《あい》がある。愛によって取《しゅ》がある。取によって有《う》がある。有によって生《しょう》がある。生によって老死《ろうし》等の苦しみがある。

無明が滅すると行が滅する。行が滅すると識が滅する。……生が滅すると老死等の苦しみが滅する」

というのでありますが、この「十二縁起」の解釈については、古来、さまざまな説が行われてきました。一例を挙げますと、『倶舎論』に、一瞬間の心に十二の要素が具わっているとする刹那《せつな》縁起、十二の要素が絶えまなく連続して前因後果の関係にあるとする連縛《れんばく》縁起、過去の世で煩悩を起し（無明）、業《ごう》を造ったこと（行）により、その結果として、現在の世に生まれるのであるが、この受胎の瞬間を「識」と名づけ、その後の胎内での発育過程、及び生まれてから幼児・少年・青年・壮年期を経て老年に至る段階を、それぞれ「名色」乃至《ないし》「有」に配し、その間に造った生活行為（業《ごう》）の結果として、未来の世に生まれ（生）、老いゆき死に至る（老死）とする分《ぶん》位《い》縁起、十二の要素がはるかに生を隔てて継続するとする遠続《おんぞく》縁起、の四種の説があります。そ

の他、法相宗や天台宗などにも独自の説がありますが、いま、「十二縁起」を理解していただくために、私なりに一つの見解を述べておきましょう。それは、次のような解釈であります。

老いゆくこと死ぬことで代表される人間の根源的苦悩としての「老死」等の苦しみは、有情《うじょう》(心をもつ者、生きとし生ける者)としての生存そのことである「生《しょう》」にもとづく。有情としての生存とは、「有《う》」、つまり世界の内にある存在にほかならない。「有」とは、みずからの意志にもとづく生活行為である業《ごう》に報われた結果として形成された世界(業有《ごうう》)であり、そのあり方は、欲界・色界《しき》・無色界《むしき》(日常欲望的・芸術文化的・精神理念的な世界に喩えることもできよう)の三界《さんがい》(三有《さんぬ》)である。「生」がこのような「有」において、世界の内に在るということは、とりもなおさず、外界を性欲や食欲などの対象とし、それに執著して、対象を自己の栄養として内に取りこもうとする「取」によるのである。対象に執著して取りこむということは、あたかも喉《のど》のかわいた者が水を求めてやまぬような渇《かわ》きの「愛」にもとづく。このような「渇愛《かつあい》」は、欲望の対象を身や心に感受する「受」による。そして、「受」として苦楽や快不快という印象・感覚を感受するのは、対象と接する「触」にもとづく。つまり、眼・耳・鼻・舌・身・意の六根(感覚器官とその機能)としての「六処」と、精神的・物質的な対境である「名色《みょうしき》」と、精神の主体である「識」との、これらの根・境・識の三者が接触し和合することによって、私たちの心は内容づけられるのである。そして、私たちの「識」は、過去からの生活行為である「行」によって形成蓄積された結果であり、その「行」は、縁起の理法に昧《くら》い無知、すなわち「無明」にもとづく。このように、「老死」は究極的には無明に由来するから、「無明」の滅によって「行」の滅があり、かくて「老死」等の苦の滅がある、と。

つまり、「十二縁起」は、人間がもつ根源的苦悩に対する事実認識と、それが何によって生起するのかという理論とをあきらかにし、私たちを真に苦悩から解脱《げだつ》させるための理論と実践の根拠を示すものといえましょう。

ゴータマ・ブッダは、「縁起」の理法の順逆を観じて正覚を成就あそばされ、三七日（三週間）のあいだ、しずかにその体得された境地を味われたのでありました。だが、ブッダは、その正覚《さとり》の内容を人びとに伝えようとしても、それは一般の理解を絶しており、これを説いても、聞く者はとまどうだけであろうと思召《おぼしめ》されて、説法することをためらわれたのでした。こうしたとき、*梵天がブッダに、「なにとぞ世の人びとを救うために教をお説き下さいませ」と請いたてまつったので、禅定《ぜんじょう》の座をお立ちになられて、鹿野苑《ムリガダーヴァ》に赴かれ、かつての修行仲間であった五人の比丘《びく》に、初めて法を説かれたのであります。いわゆる「初転法輪」**です。

* 梵天は、古代インド思想において、万有の根源とされているブラフマンを神格化したもので、仏教にとりいれられ、色界の初禅天の主とされています。

** 輪とは戦車のこと。戦車が戦場を席捲するように、法輪（ダルマ・チャクラ、真理の輪）が、むさぼり・いかり・おろかさなど、身心を煩《わずら》わせ悩《なや》ませる精神作用である煩悩《ぼんのう》をうちくだくのに喩えて、仏が説法されることを「法輪を転ずる」と申します。

この「初転法輪」にお説きになられた教が「四諦《したい》」の教説であると伝えられています。それは、いわば「縁起」の理法としてのさとりの内容を、実践体系として組織的に述べられたものとも申せましょう。中国や日本における伝統的教学では、一般に、この「四諦」の説を、浅くて低い小乗の教説であるという風に見なしてきましたが、むしろ、この教説こそ、仏教の理論と実践の基本であるといっても過言ではありません。

「四諦」、つまり「四つの真理《サッチャ》」とは、

(1)苦諦《くたい》。迷いのこの世はすべて苦である。
(2)集諦《じったい》。苦の原因は、求めて飽くなき愛執にもとづく。
(3)滅諦《めったい》。愛執の完全な絶滅が、苦の完全に滅した涅槃《ねはん》(煩悩の火を吹き消した境地)である。
(4)道諦《どうたい》。涅槃に至るには、八聖道《しょうどう》(八正道)の正しい実践によらなければならない。それは、真理を自覚した正しい思想見解(正見《しょうけん》)に達することを目的として、このために、意思としてはたらく心の作用を正しくし(正思惟《しゆい》、正思)、正しいことばを語り(正語)、身のおこないを正しくし(正業《ごう》)、正しい生活をいとなみ(正命《みょう》)、正しい努力をおこたらずにつとめはげみ(正精進《しょうじん》)、つねに正しい目的に心をとどめて忘れることがなく(正念)、精神を集中し統一して心を正しくおちつける(正定《じょう》)ことである。

というのであります。

こうして、「初転法輪」において「四諦」の教説をお説きになられたブッダは、八十歳で入滅あそばされるまで、各地をめぐって人びとを教化されたのでありますが、その説法は、それぞれ相手に応じて巧みになされたものでありました。その教説は「法(ダンマ)」といわれ、後に「経(スッタ)」と呼ばれます。また、ブッダは、出家の弟子たちに非違があれば、その都度《つど》これをいましめると共に、その非違のいわれを示して、今後そのような非違行為を犯さないように禁じて罰則をさだめられました。これが「律(ヴィナヤ)」であります。

ブッダは、クシナガラで入滅あそばされるとき、弟子たちに最後のおことばとして、「自らを灯明《ともしび》とせよ、法を灯明とせよ」(パーリ仏典では「自らを州渚《しま》とせよ、法を州渚とせよ」とある)と申され、また、「法と律とをわが滅後の大師とせよ」と教えられたのでした。

三　仏典の編集会議と部派の分裂

ゴータマ・ブッダがおかくれになられてから四カ月の後、遺《のこ》された仏弟子たちは、「法」と「律」とを正しく伝承するための集会を開きました。「第一結集《けつじゅう》」といわれる、聖典編集の第一回の会議であります。

会議は、摩訶迦葉《マハーカッサパ》を上首として、王舎城《ラージャガハ》の七葉窟に五百人の比丘《びく》が集まって行われました。まず、優波離《ウパーリ》が「律」を誦して、参加者一同がブッダの示されたところとあやまりがないことを承認し、つづいて阿難《アーナンダ》が「法」を誦し、同じく全員の承認を得たと伝えられています。この「律」と「法」とは、その後、口頭で伝承され、やがて文字に記録されるようになったのでした。

この「第一結集」から百年あまり過ぎたころ、出家者の教団の中に、「律」の解釈をめぐって異論が出たのです。それは、主として食事に関することがらや、金銭の布施に関することがらでありました。十カ条にわたるもので、「十事の非法」といわれます。そして、この異説に対する裁定のため、毘舎離《ヴェーシャリ》の地に七百人の比丘が集まり、耶舎《ヤシャ》が中心になって会議を催したのでした。これを「第二結集」と申します。こうした仏典の結集は、南方上座部の伝承によりますと、南方所伝の仏滅二五〇〇年（西暦一九五六年）を記念してビルマで開催された会議を含めて前後六回にわたるとされています。

この「第二結集」が行われたのとほぼ同じころ、北方の所伝によると、阿育王《アショーカ》（在位、紀元前二六八年〜前二三二年）の帰依をうけて雞園寺《けいおん》に住した大天《マハーデーヴァ》という比丘が、五ヵ条の新説を主張したといわれています。いわゆる「大天の五事」でありますが、それは、

(1) 大天が夢精で衣を汚し、そのことを知った弟子が、煩悩を完全に断ちつくした最高の境地にある聖者（阿羅漢《あらかん》）にこのようなことがあろう筈はないといぶかしんだところ、「阿羅漢といえども、天魔に魅せられたときには、夢精をすることは避けられぬ」と、大天は答えた。

(2) 大天が或る弟子に、「そなたは阿羅漢のさとりを得た」と印可したとき、その弟子が、「もし私が、最高の、もはや学ぶべき何ものもない阿羅漢の境地に達しているのであれば、どうしてそのことを自分で知ることができないのであろう」と反問したところ、「それは、阿羅

漢にも不染汚《ふぜんま》無知（煩悩にけがれていない無知）があるからだ」と、大天は答えた。

(3)　阿羅漢の境地に達しても疑惑をいだく場合があるが、それはなぜであろうか、との質問に対して、「阿羅漢には煩悩としての疑惑の心はないけれども、世間的な意味での疑いはある」と、大天は答えた。

(4)　阿羅漢は神聖な智慧の眼を開いているといわれるのに、なぜ自分のさとりの境地が自分でわからないのか、との質問に対して、「阿羅漢の中にも、自分からはわからなくても、他人の指示によってそれと知る場合があるのだ」と、大天は答えた。

(5)　大天が夜中に何かにうなされて、思わず「苦しい」と叫び声をあげたところ、それをあやしんだ弟子に、「本心から『苦しい』と叫ぶことから、さとりの道が生ずるのだ」と、大天は答えた。

というもので、「これこそ真の仏教である」と、大天は主張したと伝えられています。

この大天の主張を、長老たちは「妄語」*であるとしてしりぞけましたが、大衆の中には、これこそ宗教体験の実際であると支持するものがあり、賛否があい半《なか》ばしたといわれます。たしかに「大天の五事」は、宗教体験の現実のすがたについて、基本的な問題を投げかけたものともいえましょう。

＊　「妄語」はうそをつくことでありますが、出家者の生活規範である「律」では、単なるうそは小妄語といって、大衆の前で懺悔することによって許されるのに対して、実際に得ていない宗教体験を得

ているかのようにいつわる大妄語は、教団から追放される最も重い罪（波羅夷罪）であり、大天はそれに該当するとされたのでした。

ブッダの滅後、百年あまりで、このように、南方の伝承によると出家者の日常生活における具体的な規律に関する「十事の非法」、北方の伝承によると宗教体験の基本にかかわる「大天の五事」が原因となって、教団に分裂が生じたのでした。あくまでもゴータマ・ブッダの遺風を形どおりに守ろうとする保守派と、形式にとらわれるよりはむしろブッダの説かれた教説の真意を現実に即して求めようとする進歩派とに分かれ、ここに上座部と大衆部という二大分派が生じたのであります。

この根本分裂の後、さらに、生活軌範にかかわる異説、あるいは教義解釈に関する異論、また、比丘たちの居住地域の地理的・風土的条件などによって多くの分派ができ、ついに出家教団は、南伝によると十八部、北伝によると二十部の部派に分かれたのでした。

四　経・律・論の三蔵

ゴータマ・ブッダが「滅後の大師とせよ」と遺教された「法《ダンマ》」と「律《ヴィナヤ》」に対する研究を、「アビダンマ(アビダルマ)」、「アビヴィナヤ」と称します。この「法」と「律」との研究は、すでに滅後の原始教団において行われておりましたが、さきに述べた部派が分裂してからは、とくに「法」に関する研究がさかんになり、有力な部派は、それぞれに独自の「アビダルマ」をもつようになりました。

「アビダルマ」は、「明示された教法」を意味する語で、「法」に関してその要義を分類整理し解説を加えたものを指します。漢訳では、「阿毘達磨《あびだつま》」、「阿毘曇《あびどん》」、略して「毘曇」と音写し、「対法」、「無比法」、「向法」、「勝法」などと訳されています。いわゆる小乗の「論」がこれであります。「阿毘達磨」の例として、一般によく知られているものに、世親《せしん》の『倶舎《くしゃ》論』があり、わが国の南都六宗の一つである倶舎宗は、この『論』を研究する学派でありましたし、伝統的仏教教学の入門的古典として、近年まで初学者の必修の書物でありました。『倶舎論』は、世親（天《てん》親《じん》）が、部派の一つである「説一切有部」の教学を研究し、別の部派である「経量部」の立場からその説を批判したもので、『阿毘達磨発智論』の註釈書である『大毘婆沙論』の内容を手ぎわよくまとめた一種の仏教百科全書ともいえるものです。

さて、さきに述べましたように、ブッダが説かれた「法《ダンマ》」と「律《ヴィナヤ》」――「法」は後に「経《スッタ》」と呼ばれるようになりますが――、これに「アビダンマ」が加わり、ここに仏教の基本聖典としての、経・律・論の三蔵*が成立するのであります。すなわち、おのおの部派は、それぞれに三蔵をもつわけでありますが、その代表的なものとして、現に南方諸国で行われている『ティピタカ』があります。これは、南方上座部に伝承されたもので、経分別・犍度・後篇からなる律蔵（ヴィナヤ・ピタカ）と、長部・中部・相応部・増支部・小部の五ニカーヤ（五部）からなる経蔵（スッタ・ピタカ）と、法集などの七論からなる論蔵（アビダンマ・ピタカ）で構成されています。

漢訳の仏典においても、いわゆる小乗の経・律・論が伝えられていますが、これはまとまった一つの部派に伝承されたものとはかぎりません。現存するものに、経蔵として長阿含《じょうあごん》・中阿含・増一阿含・雑《ぞう》阿含の「四阿含経」、律蔵として四分律・十誦《じゅ》律・五分律・摩訶僧祇《まかそうぎ》律など、論蔵として六足・発智《ほっち》・大毘婆沙《びばしゃ》・倶舎などの論書があります。そして、中国や日本の大乗仏教では、これを「小乗」、「三蔵教」として貶《おと》しめ、初歩的な教として軽視してきました。

しかし、明治以後、ヨーロッパの東洋学が輸入され、南伝の『ティピタカ』が知られるようになってから、むしろこれまで軽んじられていた『阿含経』が、実はゴータマ・ブッダの説法を彷《ほう》彿《ふつ》させるものであるとして、改めてその意義と価値が見直されることになったのであります。いわゆる「大乗非仏説」論も、こうした中で生じたのでありました。では、私たちが信奉している大乗経典はどのようにして成立したのでしょうか。

＊ 三蔵は、パーリ語で「ティピタカ」、梵語で「トリピタカ」と呼ばれます。「ピタカ」とは、もと、容器、籠、穀倉を意味し、また「暗記されたもの」という意味もあります。

五　大乗仏典の成立

仏教の経典が、ブッダが説かれたものだけでないことは、親鸞聖人の消息に、経典には仏説・聖弟子の説・天仙の説・鬼神の説・変化《へんげ》の説の五説があるが、仏説をもちいて他はたのみとすべきではないとし、「三部経は釈迦如来の自説にてましますとしるべし」（『末灯鈔』）とあるように、古くからいわれてきたことでした。しかし、「大乗非仏説」の論にしたがえば、大乗経典は仏説ではないわけです。

この問題は、すでに江戸時代の末期に、富永仲基が『出定後語《しゅつじょうこうご》』を著わして、経典のすべてが釈尊の金口《こんく》の説法ではなく、歴史的な発展展開の過程の中で、諸家の学説が逐次に加わって成立したとする「加上《かじょう》説」を立てています。そして明治時代になって、一時、「大乗非仏説」論が台頭したのでありました。しかし、その後、教理史研究が進むにつれて、大乗経典は歴史的には後代に成立したものであっても、むしろその意味内容は、仏陀の真意を顕《あら》わすものであり、すべての人びとの解脱《げだつ》と救済を説く利他の精神こそ、仏陀の本懐であることが明らかにされてきたのでした。

ところで、それでは、大乗仏教はどのようにして起ったのでしょうか。最近の学説によりますと、大乗仏教が部派仏教と平行して行われるようになったのは、西暦の紀元前後であると考えられていますが、それに先きだち、阿育王《アショーカ》の頃、インドの各地に建てられた仏塔を崇拝する在俗の信者団の活動が盛んになり、それが大乗仏教のさきがけであろうといわれています。すなわち、かれらは、比丘《びく》（完全な戒律をたもつ出家者）の僧伽（サンガ。和合衆と訳する。出家教団）に対して、みずからの集団を菩薩団（ボーディサットヴァ・ガナ*）と称して、新しい宗教活動をはじめたのでした。

＊「ガナ」という語は、商人組合を意味するので、かれらの中には、都市の商工業者が多かったので

はないかといわれています。

ボーディサットヴァは、漢訳では菩提薩埵《ぼだいさった》と音写され、略して菩薩《ぼさつ》といいます。菩提とは仏のさとり、薩埵とは生きとし生ける者のことで、古来「上求菩提《じょうぐぼだい》下化衆生《げけしゅじょう》」といわれていますように、どこまでも自己完成をもとめて道にはげむと共に、それが単に自分のためだけでなく、すべての人びとをみちびいて救うことを目的とする修行者のことを、菩薩と申します。出家教団の比丘たち――ブッダの説法を聞いてひたすら自己の解脱《げだつ》を目ざす声聞《しょうもん》と、独りで縁起の理法を観じてさとりに至る縁覚《えんがく》――が、自分の救いだけを求めるのに対して、菩薩は、自利・利他の両面を満たすことを目的とするのです。

ボーディサットヴァとは、もと、ブッダの本生《ほんじょう》（前世の身）を指すことばでした。原始仏典の中に、「ジャータカ」と呼ばれる一群の説話集があります。「本生譚《ほんじょうたん》」といわれるもので、ゴータマ・ブッダがこの世で仏陀のさとりを開くことができたのは、過去の世において、あるいは国王として、あるいは婆羅門《ばらもん》（聖職者）として、あるいは商人や女性となって、また、あるいは動物の姿をかりて、さまざまの善根をほどこし人びとや動物を救った結果であると説いています、この、ブッダの前世の身を菩薩と名づけるのですが、新しい宗教活動をはじめた在俗の信者たちは、みずからを「菩薩」と称したのでありました。

なお、原始仏教においては、仏陀といえばゴータマ・ブッダお一人にかぎられていたのですが、のち、現在のブッダだけではなく、過去にもブッダがおられ、未来にもブッダがあらわれるという思想が生じ、また、ブッダは一世界には一人であるが、世界は無数にあるからそれぞれの世界のおのおのにブッダがましますとされるようになり、このような思想にもとづいて、自分たちもみな、仏になることができるのだ、という確信をもつようになったところから、「菩薩」と自称したともいわれています。

やがて、こうした在俗信徒の新しい仏教運動の集団である「菩薩団」に、それに共鳴する出家の比丘たちも加わり、その運動は次第にひろがっていったようです。そして、このような運動の思想背景には伝統的形式にとらわれるよりは、むしろそれの持つ意味を問う大衆部の影響があったかと思われます。

「誰でもが仏になれる」という、かれらの考えを理論的に裏づけたのが、「空」の思想であります。ものの本来のあり方においては、執《とら》われる何ものもなく、絶対に自由であり、絶対に平等であるという「空」の考えが、かれらを勇気づけたでありましょう。かれらは積極的な社会活動を実践したとみられ、いわゆる六波羅蜜《ろっぱらみつ》（パーラミター。さとりの彼岸に到る行。六度）がそれであると考えられます。人びとにめぐみほどこし（布施《ふせ》）、仏教徒としての生活のおきてをまもり（持戒《じかい》）、あらゆる困難にたえしのび（忍辱《にんにく》）、道を求めてつとめはげみ（精進《しょうじん》）、しずかに心をおちつけて（禅定《ぜんじょう》）、「空」の真理に目ざめる智慧（般若《はんにゃ》）を身につけることであります。

仏陀が説かれた教の真意は、単に自己の解脱《げだつ》だけを求めて、苦しみの滅したしずかな境地に安《やす》んずるというだけではなくて、むしろ、積極的に、生きとし生ける者のしあわせのために、利他の活動をすることにあるとしたのが、「菩薩団」の人びとでありました。かれらは、このような立場から、出家教団で信奉されてきた「三蔵」だけでは、仏陀が真に意図されたことがらが十分に明らかにされていないとして、仏陀の真意を闡明することとこそ「仏説」であると確信し、その信奉するところを「経」の名で記述したのであろうと推測されるのであります。こうして、『般若経《はんにゃ》』、『維摩経《ゆいま》』、『無量寿経』、『華厳経《けごん》』、『法華経《ほけ》』などの大乗経典が記述され、弘められたのでした。

六　竜樹と無著・世親　——インド大乗の二つの流れ

このような大乗仏教運動の高まりの中に、つぎつぎと新しい経典が、無名の人びとによって記述されたのですが、二世紀の後半から三世紀にかけてのころ、南インドに、竜樹《りゅうじゅ》が出て、大乗思想を哲学的に理論づけたのであります

竜樹菩薩は、インド大乗における中観派の祖であり、また「八宗の祖師」と仰がれるように、中国・日本に伝来した各宗は、何らかの意味でその思想を基礎として展開してきたのでした。法然上人は『選択集』に、浄土宗の傍依の論の一つに竜樹の『十住毘婆沙論』を挙げ、親鸞聖人は、同書に説く「すみやかに不退の位を得る易行道」を重視し、七高僧の第一として敬われたのでした。浄土教の祖師としての竜樹菩薩については、続刊を予定している「七祖聖教」の解説にゆずることにして、ここでは、竜樹の代表的な著作である『中論』に説かれる「空」の思想にふれて

おきましょう。

　すでに述べたように、ゴータマ・ブッダは「縁起」の法を観じてさとりを開かれたのですが、竜樹は、この「縁起」の深い意味をさぐって、部派仏教における解釈を批判すると共に、当時の思想界の中に、仏教の基本理論が「空」にもとづくことを示して、「有無の邪見」を破し、「大乗無上の法」を説かれたのでした。

　すなわち、「縁起」とは、主体的なものと客体的なもの、能と所、因と果、行為の主体と行為、目的と手段といったものを、二元的に分別《ふんべつ》してとらえ、「我《われ》あり」「我《わ》が物あり」とするような思想見解を完全に否定することを意味するものであると理解し、「八不」という否定的表現で「中道」を顕《あら》わされたのであります。

　「八不」とは、不生《ふしょう》・不滅《ふめつ》・不断《ふだん》・不常《ふじょう》・不一《ふいち》・不異《ふい》・不来《ふらい》・不去《ふこ》という、八つの否定であります。つまり、あらゆる現象としての存在は、縁起によって、あい依《よ》りあい待《ま》って成立しているものであるから、それ自体には固有な実体的本性（自性《じしょう》）がないにもかかわらず、そのことを、「ものが生じる」という場合、普通には、因と果とを二元的に分別して、「もの自体」がもっている実体的な原因から実体的な結果が生じるかのように考えて「生・滅」をいうわけであります。しかし、本来、ものには自性《じしょう》がないから、「生じる」といっても、それは実体のあるものが生じるのではなく、「生」といっても、それはあたかもかげろうやまぼろしのようなものに過ぎず、その意味では「不生」であり、また、同様に、「滅」といっても、滅すべきものが現実にそこにあるのだから「不滅」といわなければならない、とするのです。因果関係についていえば、「縁起」によるから、因果を撥無《はつむ》する「断」でもなく、因果を実体視する「常」でもなく、因がそのまま果であるとする「一」でもなく、因と果とが全く切り離されているとする「異」でもなく、「去」「来」ということにしても、すでに去り終ったものは再び去ることがなく、未だ去らないものは去る作用があらわれておらず、現に去りつつあるものについていえば、「去る主体」と「去る」という作用の関係は不離であり、「去る主体（主語）が去る（述語）」といえば、主語と述語とについて二つの主体を立てるから不合理であり、「去らない主体が去る」といえば、これも成立せず、だから、去る主体が成立しないなら去る作用も成立しないので「不去」であり、「来」についても、同様に「不来」であるとするわけです。このように、「縁起」ということを「八不」として否定的に論理づけて「無自性空」を弁証したのですが、これは当時のインド思想の各派、数論（サーンキヤ）や勝論（ヴァーイシェーシカ）やジャイナ教などの説を批判したもので、因の中にすでに果があると説き、あるいは自在神が自己の意志にまかせて世界をつくると考える自因論、因と果とは別異であるとする他因論、自因と他因との合作によるとする共因《ぐういん》論、因果の関係を否定する無因論はいずれも戯論《けろん》であるとし、これらの戯論を超えて、存在の実相を明らかにしたのが、仏陀の説く「縁起」の法であるとするのであります。つまり、現象は、連続とか断絶とかではとらえられず、思議することができない存在であり、その本質は「空」であるから、二元的・対象的な分別《ふんべつ》を離れた「般若《はんにゃ》」の智慧により「空」を観ずる実践において、有や無に偏した思想見解が破られて、中道の実相があらわになるというのです。「八不中道」とは、このような、破邪がそのまま顧正であるという、絶対否定の実践であるとみられましょう。そして、竜樹においては、すべての存在は因縁によって生起するのであるから、迷いの世界にはてしなくさすらうといっても、何か実体があって輪廻《りんね》するのでないのはもとよりのこと、絶対究極のさとりである涅槃《ねはん》といっても、涅槃という特別な実体があるわけではなくて、すべての存在が「空」であり、「不生不滅」であるとさとるそのことが涅槃にほかならず、迷いと悟りは不二である、とするのであります。また、このような「縁起」の立場からすると、仏陀が説かれた「四諦《たい》」の教説などもことごとく否定されるのかといえば、そうではなくて、「すべての存在は空である」という究極絶対の最高の真理は、ことばもこころも及ばぬ「勝義諦」であるのに対して、「四諦」等の教説は、ことばに表現された世間的真理である「世俗諦」であって、究極絶対の真理を表現し伝達するにはことばによらざるを得ないけれども、ことばは社会の慣習や約束に制約され、それには限界があるから、究極絶対のさとりの境地を証するには、ことばに表現された世間的真理である世俗諦によるのではなくて、ことばを超えた最高の真理である勝義諦によらなければならないとするのです。いわゆる「二諦《たい》説」がこれであります。つまり、竜樹は、大乗仏教の迷悟不二という基本的立場を「縁起」によって理論づけたのでした。

このような、竜樹の「空」の理論をさらに深めてゆく中で問われたのは、宗教的主体としての「心」の問題でありました。そして、『如来蔵経《にょらいぞう》』や『勝鬘経《しょうまん》』など「如来蔵」を説く経典、さらに、仏陀の本質である「法身《ほっしん》」は永遠にかわることがなく常に存在し、生きとし生ける者にはすべて仏性があるとする、「法身常住」と「悉有《しつう》仏性」を説く『涅槃経』が成立しました。とくに、『涅槃経』には、仏のさとりをひらく条件に欠けた不成仏者、「一闡提《いっせんだい》（イッチャンティカ）」も成仏できることが説かれており、親鸞聖人の『教行証文類』には『涅槃経』が数多く引用され重視されています。

また、このころ、これまでの大乗・小乗の教義を総合した新しい大乗教義を説く『解深密経《げじんみっきょう》』も成立しました。『解深密経』には、釈尊の教説には三つの段階があり、第一時には小乗の人びとのために「四諦」などの教えを説き、第二時には大乗の人びとのために「一切皆空」を説いたが、これらはいずれも未完成な教えであったから論争が生じたけれども、第三時に、この経が説かれることにより、完全で明瞭な「了義」が示されて論争はやんだ、と説かれています。この『経』に説かれている思想は、すべての存在は、心が対象を識別するはたらきによってあらわしだされたものであり、識別されたものとしてのみ存在するから、心を離れて外界に実在するものはないとする「唯識」の説であります。「識」とは、対象を個別的に分析し了別して認識する主観ではありません、それの依り所となり、すべての存在を可能態として内に蔵している「阿頼耶《あらや》識《しき》」であって、それは、迷いの世界を成立させる根本であるとともに、煩悩を滅してさとりの世界に転じる性質をもつものであるとするのであります。そして、「三性《しょう》・三無性」の説を立てて言語や概念に対応した実在があるかのように執《とら》われているのを「遍計所執性《へんげしょしゅうしょう》」といい、それが虚構であり実在性がないのを「相《そう》無自性」とし、すべての存在が因縁によって生起し相依相待的に他に依存しあっているのを「依他起性《えたきしょう》」といい、それが独立した実体性のないのを「生《しょう》無自性」とし、究極の実在が完全・円満であるのを「円成実性《えんじょうじつしょう》」といい、それが現象に即しつつ現象を超えた絶対界であることを「勝義無自性」とするのであります。だが、三性説には、言語や概念で表象されている「遍執所執性」は、本来実体性がないのに、これを存在視するとき、「依他起性」が迷いの存在として成立し、その存在性を否定するとき、さとりの世界としての「円成実性」が実現するという考え方と、「縁起」の意味内容である「依他起性」と「円成実性」とに対して、「遍計所執性」において執著するから迷いが生ずるとする考え方とがみられます。

『解深密経』や『瑜伽《ゆが》師地論』にもとづいて「唯識」の説を大成したのが、五世紀の頃に活躍した無著《むじゃく》・世親《せしん》の兄弟であります。この学派は瑜伽行派と呼ばれ、中観派とならぶインド仏教の二つの流れを形成しましたが、後世いわれるような空宗・有宗という対立としてみるのは問題であり、大乗仏道のおのずからな歴史的展開として捉えるべきであるといわれています。

世親は、申すまでもなく、真宗七高僧の第二祖とあがめられる天親菩薩でありますが、はじめ部派仏教を奉じて『倶舎論』を作り、のち兄の無著論師の導きで大乗に転じて、世に「千部の論主」といわれるほど、多くの書物を著わされました。『浄土論』はその一つであり、法然上人は、『浄土三部経』と『浄土論』を正依の経論として、浄土宗を開かれたのでした。

大乗仏教は、このようにして発展展開し、その間に多くの大乗経典が成立したのですが、七世紀ごろには、インド古来の宗教であるバラモン教と融合した密教が行われるようになり、『大日経』や『金剛頂経』が成立したのであります。

七　仏典の漢訳

インドの仏教は、パミール高原から中央アジアを経て、西暦紀元前後に中国に伝わりました。そして、西域の僧たちによってもたらされた梵本《ぼんぽん》や胡語《こご》の仏典が中国語に翻訳されはじめたのは、二世紀後半のころといわれています。

さまざまの内容の仏典が、あちらこちらで翻訳されたのでありますから、それらを集めて目録を作ることは、大事業であります。これをはじめて手がけたのが、弥天《みてん》の道安（三一二〜三八五）の『綜理《そうり》衆経目録』でありました。その後、弘始三年（四〇一）に鳩摩羅什（三四四〜四一三。一説四〇九歿）が亀茲《きじ》国から長安に来て三十五部三百余巻の経論を訳するなどのことがあって、漢訳の大乗仏典は次第にととのい、やがて小乗の三蔵も伝訳されました。これらの仏典の集大成を、北魏では「一切経」、梁では「大蔵経」と称し、目録の作成もたびたび行われましたが、唐の開元一八年（七三〇）、智昇が『開元《かいげん》釈教録』二〇巻を作成して漢訳仏典の正偽をあきらかにし、ここに皇帝の勅による欽定《きんてい》の「大蔵経」が成立したのであります。

中国への仏典の伝来は、外来の僧たちによったことはもとよりでありますが、中国人による求法の旅のことも忘れてはなりません。西域を経てインドへ赴いた法顕《ほっけん》（三四〇〜四二〇？）や玄奘《げんじょう》

（六〇〇〜六六四）ら、南海を経由してスマトラやインドを訪ねた義浄（六三五〜七一三）などの、多くの入竺僧《にゅうじくそう》の辛苦のほどは想像に絶するものがあり、深い敬意をはらわずにはおれません。

このようにして、厖大《ぼうだい》な漢訳の仏典が成立したのでありますが、翻訳の苦心もまた、なみ大抵のことではありませんでした。言語も思惟方法をちがった異質の文化を伝えることはむずかしいことであります。翻訳のむずかしさについて、弥天の道安は「五失三不易」をあげています。翻訳にあたっての、原意を失う五種の条件と困難な三種の条件のことです。五失（五失本）とは、

(1) 文法が相違するので、原文と中国語とでは文辞が転倒している。
(2) 原典は修飾語が少く簡素な文体であるのに、中国では、文をかざることを好む。
(3) 原典においては幾度も同じ語句を反覆して繁をいとわないが、翻訳の場合には反覆を省略する。
(4) 原典においては文中にその語句の註解を加えている個所があり乱詞のようにみえるので、翻訳の場合には文体をととのえるためにそれを省略する。
(5) 原典では一つの事を説き終って次の事に移ろうとする場合に前に説いた文辞をもう一度くりかえして再説しているが、翻訳の場合には重複の個所を省略する。

とのことであり、三不易とは、

(1) 聖典に説かれているところは、その時代の言語や風俗等にもとづいているが、時代の言語や風俗には変遷があるから、翻訳にあたっては現在に適《かな》ったようにしなければならない。

(2) 聖者と凡人とのへだたりは甚だ大であるにもかかわらず、遠い昔に説かれた聖者の微妙なことばを、はるか後代の凡人の風俗にあうように訳しなければならない。

(3) 阿難が結集《けつじゅう》の際に「経」を誦したのは、釈尊が入滅されてから間もないときであり、しかも、「経」は多くの聖者たちが互いに十分しらべあった上で記録されたものであるのに、それを後世の人が浅薄な見識に立って訳することはつつしまなければならない。

という困難さであります。

また、玄奘は、翻訳できないことば、又は翻訳しないことばについて、「五種不翻」をあげています。

(1) 「陀羅尼《だらに》」のような秘密のもの。

「陀羅尼」は、梵語ダーラニーの音写で、総持、能持、能遮と訳され、能《よ》く総《すべ》てのものごとを摂《おさ》め持《たも》って忘れ失わない念慧の力を意味し、一種の記憶術のことでありますが、後世、この記憶術としての「陀羅尼」の形式が誦呪に類するところから、超能力的なはたらきをもつとせられる秘密語である呪《しゅ》(マントラ、真言)と同一視され、秘密語を陀羅尼というようになったようであります。

(2) 「婆伽梵《ばぎゃぼん》」のように、多くの意味を含むもの。

「婆伽梵」は、梵語バガヴァットの音写で、世尊と意訳されています。「衆徳、威徳、名声尊貴を有する者」を意味し、インドでは、一般に尊貴の人に対する敬称でありますが、仏教では、とくに仏の尊称とされています。

(3) 「閻浮《えんぶ》樹」のように、中国には存在しないもの。

「閻浮」は、梵語ジャンブ。喬木の名。

(4)「阿《あ》耨《のく》多《た》羅《ら》三《さん》藐《みゃく》三《さん》菩《ぼ》提《だい》」のように、以前の訳者が音写していて、一般にその意味が知られているもの。

「阿耨多羅三藐三菩提」は、梵語アヌッタラ・サムヤク・サンボーディの音写で、無上正等正覚、無上正真道、無上正偏知などと訳されます。この上なくすぐれて正しく平等円満なさとりのこと。

(5)「般《はん》若《にゃ》」のように、智慧と訳すると浅薄になるので、原語そのものを尊重して翻訳しないもの。

「般若」は、梵語プラジュニャーの音写。個個の現象を分析し判断する「識」を超えて、存在のすべてを全体的に把握する智慧。無分別智、根本智。布施・持戒・忍辱・精進・禅定の前五波羅蜜（さとりの彼岸に到る行）を完成することによって得られる真実の智慧であり、この智慧によって「空」の真理をさとり、仏陀となることができます。

玄奘は、旧来の翻訳（旧訳《くやく》）は訳者の裁量が入っているために誤りがあるとして、できるだけ原典に忠実な、逐語的な新しい翻訳（新訳）につとめた人でありますが、その努力の中で「五種不翻」をあげているのでありますから、いかに正しい翻訳と正しい理解がむずかしいかが知られましょう。私たちが、仏典を現代語訳や意訳するにあたっても、心すべきことといわなければなりません。

ついでに、唐代における訳経事業がどんなに大がかりなものであり、組織的なものであったかを、それに従事した役職の一例をあげて紹介しますと、「訳主」が正面に坐して梵文を述べ、その左には「証義」が坐して訳主とともに梵文を批判調査し、右には「証文」が坐して訳主の読む梵文に誤りがないかをしらべ、その他、梵文を聞いて梵音のままを漢字に写す「書写」、梵音を漢語に翻訳する「筆受」、文字を綴って句とする「綴文《てつもん》」、梵文と漢文とを対比して誤りのないようにする「参訳」、冗長なところを削って句の意味をさだめる「刊定《かんじょう》」、訳文を潤色する「潤文《にんもん》」によって作業が行われたのでありました。これを思うとき、私たちは、仏典の一字一句をゆるがせにしてはならないと存じます。

『チベット大蔵経』について

仏教の大きな三つの流れについては、すでに述べたことでありますが、その一つ、チベットの仏教は、すでに四世紀の頃に、インドやネパールからヒマラヤを越えて伝わったともいわれています。しかし、公式に仏教がチベットに移入されたのは、七世紀のスロンツェンガンポ王のときでした。王は、トンミサンボータに命じて文字と文法を制定させ、これにもとづいて仏典の翻訳をすすめたのでした。そして、八世紀には、インドからシャーンティラクシャ（寂護）やパドマサンバヴァ（蓮華生）が来て、翻訳がさかんに行われ、その後もつづけられたのであります。

『チベット大蔵経』はこうした仏典の集大成であり、「甘珠爾《カンジュール》」——仏の教勅を訳した部門——と、「丹《タン》珠爾《ジュール》」——諸論師の教語を収めた部門——とから成っていて、前者には律・経・陀羅尼を、後者には論及び経律論の註疏や史伝ならびにチベット撰述のものが収められています。さきに述べた訳経の事情からして、その訳は梵本に忠実であるとみられ、また後には漢訳からの再訳もなされたようで、すでに中国で失われている仏典も遺されており、原典研究の上からは貴重なものであります。なお、チベット仏教は遊牧民族のあいだに伝わり、チベット大蔵経は蒙古文や満州文にも訳されています。

八　教相判釈　――中国における仏典の受容

インドにおいては、仏教の聖典は、歴史的・地域的な発展展開のなかで、次第に成立したのでありましたが、中央アジアを経て中国に伝わったときには、そうした前後の順序次第とはかかわりがありませんでした。それで、中国の仏教徒にとっては、内容の異なる仏典相互のあいだの矛盾をどう理解し、どのように解釈するかが大きな課題となったわけであります。

かれらは、そこで、仏典が説かれている形式や方法や仏典の思想内容を検討し、それを批判的に分類して体系的に組織づけることを試みました。いわゆる「教相判釈《きょうそうはんじゃく》」がこれであります。

もとより、教義内容や実践方法を異にする宗派のあいだで、自宗の立場から他の宗派を批判して位置づけようとするのは、当然のことといえましょうし、さきに述べた『解深密経』の三時教の説もその一例であります。しかし、中国仏教においては、その伝来の事情とかかわって、格別の意味をもつのでありました。教相判釈は、「南三北七、義百家を成ず」といわれているように、南北朝の時代に特にさかんに行われ、隋《ずい》や唐の時代に及んでも、なお新しい教判が試みられたのでした。

これらの多くの教判の中、隋の天台大師智顗《ちぎ》（五三八～五九七）が『法華経』を中心にして立てた「五時八教判」は、わが国にも大きな影響を及ぼし、釈尊の「出世本懐」の問題としては、浄土真宗の教判とも大きなかかわりがありますので、しばらくそのあらましを紹介したいと思います。

智顗は、釈尊がこの世にお出ましになって、一代に諸経を説かれたのは、『法華経』に開顕された円教にみちびくためであるとして、『法華経』こそが「経王」であり、「出世本懐の経典」であるとしたのでした。歴史的にみると、経典の成立はさきに述べた次第ではありますけれども、すべての経典を釈尊一代の説法であると信ずる立場から、その説かれた時期を「五時」にわけ、華厳《けごん》時・鹿苑《ろくおん》時・般若《はんにゃ》時・方等《ほうどう》時・法華涅槃《ほっけねはん》時としたのです。また、智顗は、人びとを教えみちびくための説法の形式や方法から、頓《とん》・漸《ぜん》・秘密・不定《ふじょう》の「化儀《けぎ》の四教」、教化しようとする相手の性質や能力に応じた説法の内容から蔵・通・別・円の「化法の四教」を立て、これを組合わせて、仏教を体系づけたのでありました。

すなわち、「五時」とは、

(1)華厳時――『華厳経』を説かれた時期。

釈尊が菩提《ぼだい》樹の下でしずかに冥想され、さとりを開かれた最初の三七日（三週間）に説かれたのが『華厳経』であると、智顗は考えたのでした。この『経』を、すぐれた菩薩たちを対象として、釈尊が自分自身のさとり得た内容そのもの（自内証《じないしょう》）をそのままに説かれたものとして位置づけ、「化法の四教」からいうと、まさしくは円教、兼ねて別教を内容とするものとし、仏陀が人びとを教化したもう意味からすると、「擬宜《ぎぎ》」の時、つまり、自内証としての仏慧になぞらえ、相手の機根の適否をためされた時期であり、教が説かれた順序からすると、しぼりたての牛乳のような「乳味」に喩えられるとみたのです。

(2)鹿苑時《ろくおんじ》（阿含時《あごんじ》）――『阿含経』が説かれた時期。

鹿野苑《ろくやおん》で、五人の比丘に対して初めて説法されて以後、十二年間に十六大国をめぐって、小乗の教である四部の『阿含経』を説かれた時期を指します（一五頁・二二頁参照）。その内容は蔵教（三蔵教。小乗の経律論に説く教）であり、能力が低く理解が浅い者を相手にして、それらの者を真実に誘《さそ》いみちびこうと意図された時期ですから、「誘引《ゆういん》」の時であり、この教を、牛乳からクリームやチーズなどを作る最初の段階としての「酪味《らくみ》」に喩えています。

(3)方等時《ほうどうじ》――『維摩経《ゆいまぎょう》』・『思益経《しやくきょう》』・『勝鬘経《しょうまんぎょう》』などの方等経典（大乗経典）を説かれた時期。

鹿苑時の次の八年間とし、その説法内容は、蔵・通・別・円の四教を併《なら》べて説かれたものとしています。そして、この時期の説法の意図は、自分自身の解脱《げだつ》だけを求めてそれに満足している小乗の聖者たちを叱りつけ、大乗にむかわせようとするものですから、「弾訶《だんか》」の時であり、乳製品を製《つく》る過程に喩えると「生蘇味《しょうそみ》」であるとしています。

(4)般若時《はんにゃじ》――『般若経』を説かれた時期。

方等時につづく二十二年間で、二元的分別《ふんべつ》を超えた絶対智から観《み》ると、すべての存在は「空《くう》」であると説くことにより、声聞《しょうもん》や縁覚《えんがく》の二乗に大乗仏教の根本真理をさとらせると共に、菩薩たちには、空が単なる空ではなく、不空中道であると教える教説でありますから、通・別・円の三教を内容とするものであり、それは、教法の上において小乗と大乗とを別なものと考える偏見を打ちやぶり、方便を開き除いて真実に一致させる「法開会《かいえ》」を説くものとしています。つまり、真実を顕《あら》わすために不用なものを排除する「淘汰《とうた》」の時であり、乳製品に喩えると「熟蘇味《じゅくそ》」であるとするのであります。

(5) 法華涅槃時《ほっけねはんじ》――『法華経《ほけきょう》』と『涅槃経《ねはんぎょう》』とを説かれた時期。

智顗は、釈尊のご生涯の最後の八年間に『法華経』を説かれ、ご入滅の直前の一日一夜に『涅槃経』を説かれたとみなしました。

教を受ける相手の素質・能力が最も進んだ段階において、究極的真理を完全に顕《あら》わしている純粋円満な円教を説かれたのが、この時期であるとしたのです。

つまり、前四時に説かれた方便の教説を開会《かいえ》して、真実を顕わす「開顕円」は、『法華経』においてはじめて説かれたのであり、般若時の説法が、理論上の「法開会」にとどまるのに対して、『法華経』の説法は、実際にすべての者を仏知見に証《さと》り入らせる「人開会《にんかいえ》」であるとし、この教を乳製品に喩えると、最高最上の「醍醐味《だいご》」であるとするのです。

ところで、『法華経』と『涅槃経』との関係ですが、両経とも、つまりは一仏乗（すべての者を唯一最上の仏果に至らせる教）を顕わすのではありますけれども、『法華経』が、釈尊が一代五時の説法において、方便として、種を蒔き、苗を育て、花を咲かせ、みのらせた上で、いよいよ真実を開顕して最後に収穫する「大収教」であるのに対して、『涅槃経』は、とりいれが済んでから落穂をひろうような「捃拾《くんじゅう》教」であって、それには、『法華経』の説法に洩れた人びとに、後から蔵・通・別・円の四教を説くという「追説」と、後から方便を開いて真実に会《え》するという「追泯《ついみん》」との両面の意味があるとするのです。両経は、いずれも、五味に喩えると「醍醐味」ではありますが、『法華経』は「前番五味の後教後味」であり、『涅槃経』は「後番五味の後教後味」であるといわれています。

なお、この「五時」の説を、時間的な説法の順序次第とみるか、あるいは、教理体系の理論的組織とみるかについては、古来、種種な議論がなされています。

つぎに、「化儀の四教」とは、

(1)頓教《とんぎょう》――仏が、はじめからただちにご自身のさとりの内容を説くという教え方であり、華厳時がこれにあたります。

(2)漸教《ぜんぎょう》――浅い教から深い教へと、順次次第をたてて段階的にみちびく教え方であり、鹿苑・方等・般若の三時が初・中・末にあたります。

(3)秘密教《ひみつきょう》――同じ教を説かれても、聞き手の素質・能力がまちまちである場合、仏が、相互には知らせずに、ひそかに説法の相手のそれぞれに応じて異った利益《りやく》を与える教え方であり、前四時のいずれにもそれはあります。

(5)不定教《ふじょうきょう》――同じ説法の席上にさまざまな素質・能力の者が集っている場合、めいめいがその力量に応じて教説を理解するため、体得する内容が一定しない教え方であり、これもまた、前四時のいずれにもあります。

以上、「化儀の四教」は、仏が衆生を教化する場合の形式・方法をいうのでありますが、これは前四時におけるものであって、第五の「法華涅槃時」は「非頓・非漸・非秘密・非不定」であるとしています。

最後に、「化法の四教」とは、

(1)蔵教（三蔵教）――小乗の経・律・論の三蔵に説かれている教。

すべての存在は、物的・心的な要素が仮りに和合して成り立つもので、実体はないけれども、それを構成する要素は実在するとみる立場であります。「空」ということを分析的に考える析空観《しゃっくうかん》（拙度観《ぜつどかん》ともいう）に立って、心身共に完全に滅無に帰する無余涅槃《むよねはん》を理想とする教であります

この教は、声聞・縁覚の二乗だけでなく、菩薩をも対象としますが、この教における菩薩は、見思《けんじ》の惑を制伏するが、煩悩を断じつくさず、人びとを利益《りやく》するために三阿僧祇《あそうぎ》劫という長いあいだにわたってさとりに至るための実践を行ずるのであります。（見思の惑とは、道理と事象に迷う煩悩のことであり、それは三界の生死を招く原因となるものですから、界内の惑と呼ばれます。）

(2)通教《つぎょう》――声聞・縁覚・菩薩の三乗に共通する教。

すべての現象は、因縁によって生起する幻《まぼろし》のようなものであるとみて、現象的な存在自

体、当体に即してそのまま全体が「如幻即空」であるとする体空観（巧度《ぎょうど》観ともいう）を立場とする教であります。

この教は、大乗の初門であります。通には、共通・通同・通入の意味があって、すなわち、三乗に共通する教であり（共通）、この教による菩薩のうち、劣った者は教を浅く理解して、さきの蔵教の菩薩と同じ果をさとるが（通同）、優《すぐ》れた者は教の奥に含まれている中道の妙理をさとって、より高い段階の教である別・円の二教に入ることができるとするのです（通入）。

(3)別教《べっきょう》——菩薩だけの特別の教。

声聞や縁覚には共通しない不共《ふぐう》教であります。そして、この教は、中道の理を「空」「仮《け》」とは別なものと考えて、「但中の理」に立って空・仮・中の三諦を個個にわけて歴《りゃく》別《べつ》に観ずる立場であるといわれます。

すなわち、すべての現象的存在は、執われの心で考えているような実体がないから「空」であり、因縁によって仮象《かしょう》として生起しているものであるから「仮」であるが、しかも、存在の実相は、空とか仮という見方を超えた絶対的なもの、つまり「中」にほかならぬとし、この「空」「仮」「中」の三つの真理をそれぞれに独立したものとみるのが別教であります。

(4)円教——完全円満な教。

すべてのものが円《まど》かに融《と》けあって完備し、かたよりがなく、仏教の究極的真理からすると、すべての現象的存在である「諸法」は、そのままに、「即《そく》」、表現や思考を絶したさとりそのもののすがた、「実相」にほかならないと説く教であります。

すなわち、空・仮・中の三諦が円《まど》かに融けあった「不但中の理」からすると、凡夫が日常に起すところの迷いの一念の中に宇宙のすべての事象がことごとく具わっており(一念三千)、この一念において一空一切空、一仮一切仮、一中一切中と観じて、執われの情《こころ》を破り(即空)、すべての存在がさながらに現象しているとさとり(即仮)、絶対のさとりそのものに体達する(即中)のが円教であります。

これらの「化法の四教」を「五時」に対配すると、

(1)第一華厳時は、円教に兼ねて別教を説くから「兼」である。

(2)第二鹿苑時は、ただ三蔵教だけを説くから「但」である。

(3)第三方等時は、四教を対立するものとしてならべて説くから「対」である。

(4)第四般若時は、円教だけではなく、通教と別教との内容をも帯びて説くから「帯」である。

(5)第五法華涅槃時は、『法華経』には純粋の円教が説かれているから「純」であり、『涅槃経』は「追説」という面からすると四教をならべて説くものであるが、「追泯」という面からすると円教を顕わすものである。

とせられ、前四時(爾前《にぜん》という)の諸経にも円教が説かれてはいるが、それらの「昔円《しゃくえん》(過去の円教)」を「今円《こんえん》(『法華経』を指す)」に対すると、教の内容そのものには差異はないけれども、教のはたらきからすると優劣があり、「今円」は純円独妙の「開顕円」であるとするのであります。

以上、天台宗の教判をまとめてみると、次のように図示することができましょう。

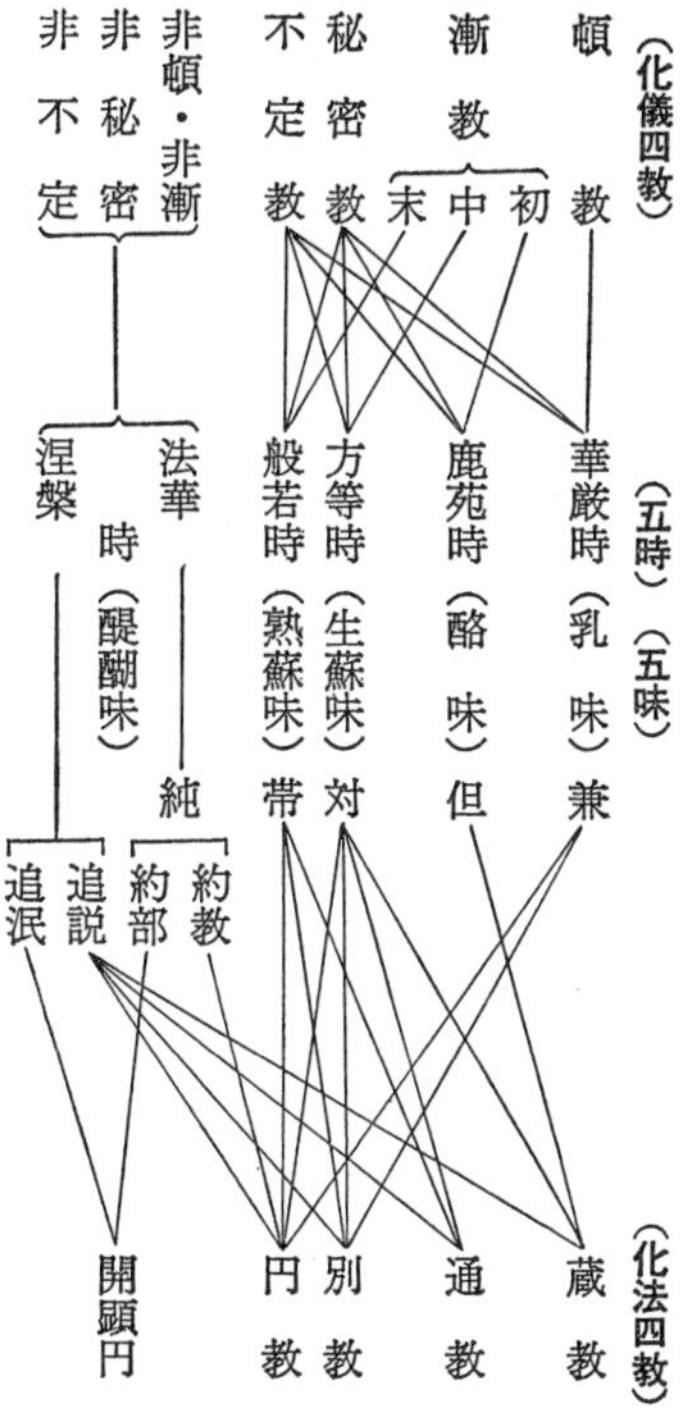

九　親鸞聖人と『法華経』

親鸞聖人は、養和元年（一一八一）九歳の春、慈鎮和尚のもとで得度して、比叡山に登って修学されました。内室恵信尼が末娘の覚信尼にあてた手紙によりますと、聖人は、比叡山で堂僧をつとめておられたことが知られ、それは、おそらくは常行三昧堂の堂僧であったといわれています。

比叡山は、伝教大師最澄が開かれた山で、大師はこの山において、天台の止観業《しかんごう》と、密教の遮《しゃ》那業《なごう》との、学生《がくしょう》の養成につとめられたのでした。この中、止観業とは、あれこれと思いはからう慮《おもんばか》りを息《や》めて心を凝《こ》らし、正しい智慧によって対象を観察する修行方法であり、その方法の中に、常坐・常行・非行非坐・半行半坐の四種三昧があります。

常行三昧とは、『般舟三昧経《はんじゅさんまい》』にもとづく行法であります。九十日間、阿弥陀仏の仏像のまわりをめぐって行道《ぎょうどう》し、仏名を念じ唱えることによって、まのあたりに十方の諸仏を拝見しようとするものです。この行法を修する道場が常行三昧堂でありますから、聖人がその堂僧をつとめておられたとすると、すでにこの頃から阿弥陀仏とのご縁が結ばれていたといえましょう。しかし、この行法は、自力による止観の行でありましたから、「定水を凝らすといえども識浪しきりに動き、心月を観ずといえども妄雲なお蔽う」(『嘆徳文』)というのが、当時の聖人の心境であったとうかがわれます。

聖人が求められたのは、「生死いづべき道」(「恵信尼消息」)でありました。そして、止観の行によっては、その道を成しとげることができないことに悩まれた聖人は、聖徳太子ゆかりの救世観音を奉安する六角堂に参籠され、そのお示しによって、二十九歳、建仁元年(一二〇一)に法然上人の門に入り専修念仏の教に帰されたのでした。この生涯忘れることができない決断を、『教行証文類』の後序に、

「愚禿釈の鸞、建仁辛酉の暦、雑行を棄てて本願に帰す」

と記しておられます。

「雑行」とは、具体的には、『法華経』を正依とする天台宗の修行でありましょう。これを棄てられたわけです。『教行証文類』に、『浄土三部経』のほか『涅槃経』や『華厳経』など、多くの経典が引用されているにもかかわらず、『法華経』に関しては、直接の引用はなく、経名がわずか二個所、王日休の『浄土文』と曇鸞の『浄土論註』の引用の中に見られるだけであるのは、あるいは天台宗を棄てたという聖人の意識のあらわれではなかろうかとも推測されます。しかしながら、天台宗の教義における重要な問題、例えば、釈尊の出世本懐、阿弥陀仏の久《く》遠実成《おんじつじょう》、一乗の思想、方便と真実の関係などについて、聖人が大きな関心をはらわれていたことは、見過すことができません。

「出世本懐」とは、釈尊がこの世にお出ましになって教を説かれた本意は何か、ということであります。天台宗においては、「四十余年未顕真実」といい、『法華経』が説かれるまでの爾前《にぜん》の諸経は『法華経』に説く真実にみちびくための方便であり、『法華経』こそが釈尊の出世本懐の経典であるとするのであります。

これに対して、親鸞聖人は、『大無量寿経』こそが「真実の教」であり、その主旨とするところは「浄土真宗」であって、この『経』が釈尊の「出世の大事」であることは、それを説かれるにあたって、大寂定に入り、五徳の瑞相を現《あら》わされたことから知られるとし（六五頁以下参照）、

『大無量寿経』を、

「如来興世の正説、奇特最勝の妙典、一乗究竟の極説、速疾円融の金言、十方称讃の誠言、時機純熟の真教」（「教文類」）

であるとされたのでした。そして、『浄土和讃』の「大経意」には、

尊者阿難《あなん》座ヨリタチ　世尊ノ威光ヲ瞻仰《せんごう》シ
生希有心《しょうけうしん》トオドロカシ　未曽見トゾアヤシミシ（一）〈国宝本による。以下同じ〉
如来の光瑞希有ニシテ　阿難ハナハダココロヨク
如是之義トトエリシニ　出世ノ本意アラハセリ（二）
大寂定ニイリタマヒ　如来ノ光顔タエニシテ
阿難ノ慧見ヲミソナハシ　問斯慧義トホメタマフ（三）
如来興世ノ本意ニハ　本願真実ヒラキテゾ
難値難見トトキタマヒ　猶霊瑞華トシメシケル（四）

と、このことを讃詠されています。

つぎに「久遠実成」でありますが、「大経意」には、つづいて、

弥陀成仏ノコノカタハ　イマニ十劫トトキタレド
塵点久遠劫《じんでんくおんごう》ヨリモ　ヒサシキ仏トミエタマフ（五）

とあり、「諸経意」に、

久遠実成《くおんじつじょう》阿弥陀仏　五濁ノ凡愚ヲアワレミテ

釈迦牟尼仏トシメシテゾ　迦耶《がや》（耶）城ニハ応現スル（二）

とうたわれるところであります。

天台宗では、『法華経』に「本迹《ほんしゃく》二門」を立てて、『経』の前半が、ブッダガヤでさとりをひらいて仏となられた迦耶近成《がやごんじょう》の仏、つまり、根元的な永遠の本仏が仮りに形をあらわし迹《あと》を垂《た》れた迹仏《しゃくぶつ》の説法である「迹門《しゃくもん》」であるのに対して、『経』の後半は、絶対永遠の本師《ほんじ》本仏《ほんぶつ》が説かれた「本門」であるとし、「久遠実成」の釈迦牟尼仏を究極の本仏であるとするのであ　りますが、親鸞聖人は、阿弥陀仏の上に、久遠実成の本師本仏を見いだされたのでありました。

『大無量寿経』には、法蔵菩薩が五劫の思惟、兆載永劫《ちょうさいようごう》の修行の後、今から十劫の古《いにしえ》に阿弥陀仏となられたと説かれていますが、この「十劫正覚」の弥陀が、そのまま「久遠実成」の弥陀にほかならぬとするのであります。この考え方は、比叡山において、すでに檀那《だんな》院の覚運（九五三～一〇〇七）らにみられるところではありますが、親鸞聖人は、十劫の古に正覚をひらかれた阿弥陀仏に塵点久遠劫（『法華経』の説）よりも久しい永遠の仏陀を仰ぎ、釈尊をこの「久遠実成」の阿弥陀仏が迦耶城に応現あそばされたお方であると仰がれたのでありました。

さて、天台宗における眼目は、法華一乗の思想であります。『法華経』の「方便品」には、「十方仏土の中、唯《ただ》一乗の法のみあり、二なく亦《また》三なし、仏の方便の説を除く」と説き、また、同じく「譬喩品」には、いわゆる「火宅三車の喩」を説いて、迷いのこの世界を、火事で燃えつつある家に喩え、その中にいる幼児が身に危険のせまっていることも知らずに遊びほうけているので、長者（仏）は方便（てだて）を設けて、子供たちがかねてから欲しがっていた羊車《ようしゃ》（声聞乗）・鹿車《ろくしゃ》（縁覚乗）・牛車《ごしゃ》（菩薩乗）が門外に待っているから乗せてやろうと誘《さそ》って外へ連れだし、大白牛車《だいびゃくごしゃ》（一仏乗）に乗せて火宅を脱れさせたと説くのは、その一例であります。天台宗では、三乗を立てる爾前《にぜん》の諸経は権教《ごんきょう》（かりの教、方便の教）であり、一乗を説く『法華経』が実教であるとするのであります。

これに対して、親鸞聖人は、『大無量寿経』に説かれるところの「誓願一仏乗」こそが、「一乗究竟の極説」であるとされました。『法華経』に一乗が説かれていても、現実には「教」のみあって、「行・証」は久しく廃《すた》れているのに対して、釈尊が入滅されてから、はるかに時代をへだてた末法の世においても、浄土真宗のみは、「証道、今も盛《さかん》」（『教行証文類』後序）であり、まさに「時機純熟の真教」であるとするのであります。

聖人の「一乗」についてのお考えは、

「一乗海というのは、一乗とは大乗である。大乗とは仏乗である。一乗を得るというのは、〔この上ない絶対平等の仏のさとりである〕阿耨多羅三藐三菩提《あのくたらさんみゃくさんぼだい》を得ることである。阿耨菩提は即ちそのまま、〔無明《むみょう》のまどいをひるがえして究極のさとりをひらかせるさかいである〕涅槃界である。涅槃界は即ちそのまま、〔きわめつくされた絶対の真理そのもの である〕究《く》竟法身《きょうほっしん》である。究竟法身を得れば、則ち〔必然の法則として〕、一乗をきわめつくすことができるのである。如来は〔絶対の一であり〕異ることがない。法身は〔絶対の一であり〕異ることがない。如来は即ち法身である。一乗をきわめつくすというのは、即ち、辺《ほと》りがなく断《た》えることがないことである。大乗に二乗・三乗のあろう筈はない。二乗・三乗〔を説くの〕は一乗に入らせるためである。一乗は、即ち、〔究極絶対の唯一の真理をあきらかにした教である〕第一義乗である。ただこれは、〔阿弥陀如来の本願に誓われた唯一の成仏の道である〕誓願一仏乗にほかならない。(中略)

海というのは、はるかな久遠の過去からこのかた、凡夫や聖者が修してきた雑修雑善の川の水を転じ、〔また、五逆の重罪を犯す者、正しい仏法の真理をないがしろにしてそしる者、仏のさとりをひらく因《たね》をもたない者など、救いがたい人びと、ガンジス河の砂の数ほど多くて数えきれない煩悩のけがれにまみれ、真理にくらく本願を疑う無明《むみょう》にくらまされている〕逆謗闡提《せんだい》恒沙無明の海の水を転じて、本願大悲智慧真実恒沙万徳の大宝海の水にかえなすのを、海のようであると喩えるのである。まことによくわかりました。経典に『煩悩の氷がとけて、功徳の水となる』と説かれていることが。

本願の海(願海)には、二乗の〔純粋でない〕雑善の、〔三乗のうち〕中と下にあたる、〔自分の解脱だけを求めて利他の心をもたぬ〕屍骸をやどすことはない。ましていわんや、人間界や天上界の〔うそいつわりよこしまの〕虚仮邪偽の善業、〔煩悩の毒がまじった自力の心の〕雑毒雑心の屍骸をやどすことなど、あろう筈はない」(「行文類」)

と述べられているところであります。

天台宗では、この三乗と一乗の関係、方便と真実の関係について、「開《かい》・廃《はい》・会《え》」の説があります。すなわち、爾前《にぜん》の権教《ごんきょう》への執われを開き除くと法華一乗の真実が顕《あら》われるのを、教の体からは「開権顕実《かいごんけんじつ》」、権教への執われを開き除くと権も実もすべては真実にほかならず、方便としての権教は必要がなくなり廃《すた》ってしまうので、人びとを導くはたらきからは「廃権立実《はいごんりゅうじつ》」、実教である法華円教の立場においては、声聞・縁覚・菩薩という三乗の区別はなくなって、生きとし生ける者はすべて一仏乗に入り、悉く皆《みな》成仏できるから「会《え》三帰一」である、とするのであります。

この天台の「開・廃・会」の思想と、親鸞聖人が、『教行証文類』の前五巻に真実を顕《あら》わし、後一巻に方便を顕わして、廃立を明らかにするとともに、いわゆる「三願転入」として、弥陀の本願に帰入すれば、諸善万行や自力念仏の教も、すべては如来の善巧方便(たくみなてだて)であると、そこに仏恩の深重なることをよろこばれ、また、三経に隠彰顕密《おんしょうけんみつ》(隠顕、経の奥深くにかくし彰《あら》わされている真意と、経の文面に顕《あら》われている教説)の解釈をされていることとを対照すると、なんらかの類比が見られるようであります。

これらのことを考えますと、親鸞聖人は、天台宗の立場を棄て、『法華経』を廃されたのでありますが、聖人に及ぼした思想的影響は大きかったといわなければなりません。

一〇　親鸞聖人の教判

それでは、親鸞聖人は、仏教の全体系をどのように捉えられたのでしょうか。

親鸞聖人の教判には、絶対判と相対判があるといわれています。『大無量寿経』に説かれている「本願一乗」、「誓願一仏乗」の教は、他の諸経に説かれているところとは比較を絶した「絶対不二の教」であるとするのが、絶対判であります。

『教行証文類』の「行文類」に、「教」について念仏と諸善とを比較し、難易、頓漸、横竪《おうしゅ》といった四十七対を挙げて相対的に優劣をくらべながら、

「しかし、本願一乗海を考えてみると、それは、円融、満足、極速、無碍、絶対不二の教である」

とし、『愚禿鈔』に、

「本願一乗は、頓極、頓速、円融、円満の教であるから、絶対不二の教、一実真如の道であると知るべきである。それは、専の中の専、頓の中の頓、真の中の真、円の中の円である。一乗一実は大誓願海である。それは第一希有《けう》の行である」

とするのは、その例であります。また、善導大師が『観経疏』の「玄義分」に、「門、八万四千に余《あま》れり」として、仏教には八万四千にあまる多くの教がある、といわれたことについて、これを、

「門余とは、門はすなわち八万四千の仮《け》門である。余はすなわち本願一乗海である」（「化身

土文類」本）

と解釈し、本願一乗は、すべての法門に余れるものであるとして、その絶対性を主張しているのも、それでありましょう。

この絶対判に対して、相対判は、いわゆる「二双四重の教判」と呼ばれるものであります。すなわち、仏教を大別して「聖道門」と「浄土門」との二門にわけ、「聖道門」は、聖者がこの娑婆世界で修行して、此土（この世界）でさとりをひらき「入聖得果」する教であり、「浄土門」は、凡夫も、聖者も、五逆の罪を犯した者も、正法を誹謗する者も、また成仏の因がない一闡提《いっせんだい》の者さえも、すべての者が弥陀の本願に救われて彼土（阿弥陀仏の浄土）に往生して「入聖証果」する教であります。親鸞聖人は、「聖道門」は自分の修行の力によって竪《たて》ざまに順序次第を経てさとりに至る道であるから、これを「竪《しゅ》」と名づけ、「浄土門」は本願のはたらきによって順序次第を経ずに横《よこ》さまにすべての者が救われる教であるから、これを「横」と名づけられました。

そして、この「竪」と「横」とのそれぞれに、「出」と「超」とをわけられたのであります。「出」とは、いわば、現実のかなたに遠く理想をおき、理想に向って現実を出ようとするものであり、それは漸次に理想に近づこうとするものでありますから「漸教《ぜんきょう》」であります、これに対して「超」とは、いわば、現実を離れずに現実の只中《ただなか》において現実を超えようとするものであり、現実の只《ただ》今《いま》に迷いを転ずる「頓教」でありまして、「出」は「超」にみちびくてだてとしての方便であり、「超」は仏教の究極的真実であるとするのであります。

この、竪出・竪超・横出・横超という「二双四重」の分類を、親鸞聖人は「教」・「証果」・「菩提心」に適用されていますが、いま『愚禿鈔』の説にもとづいて図示しますと、次のとおりになります。

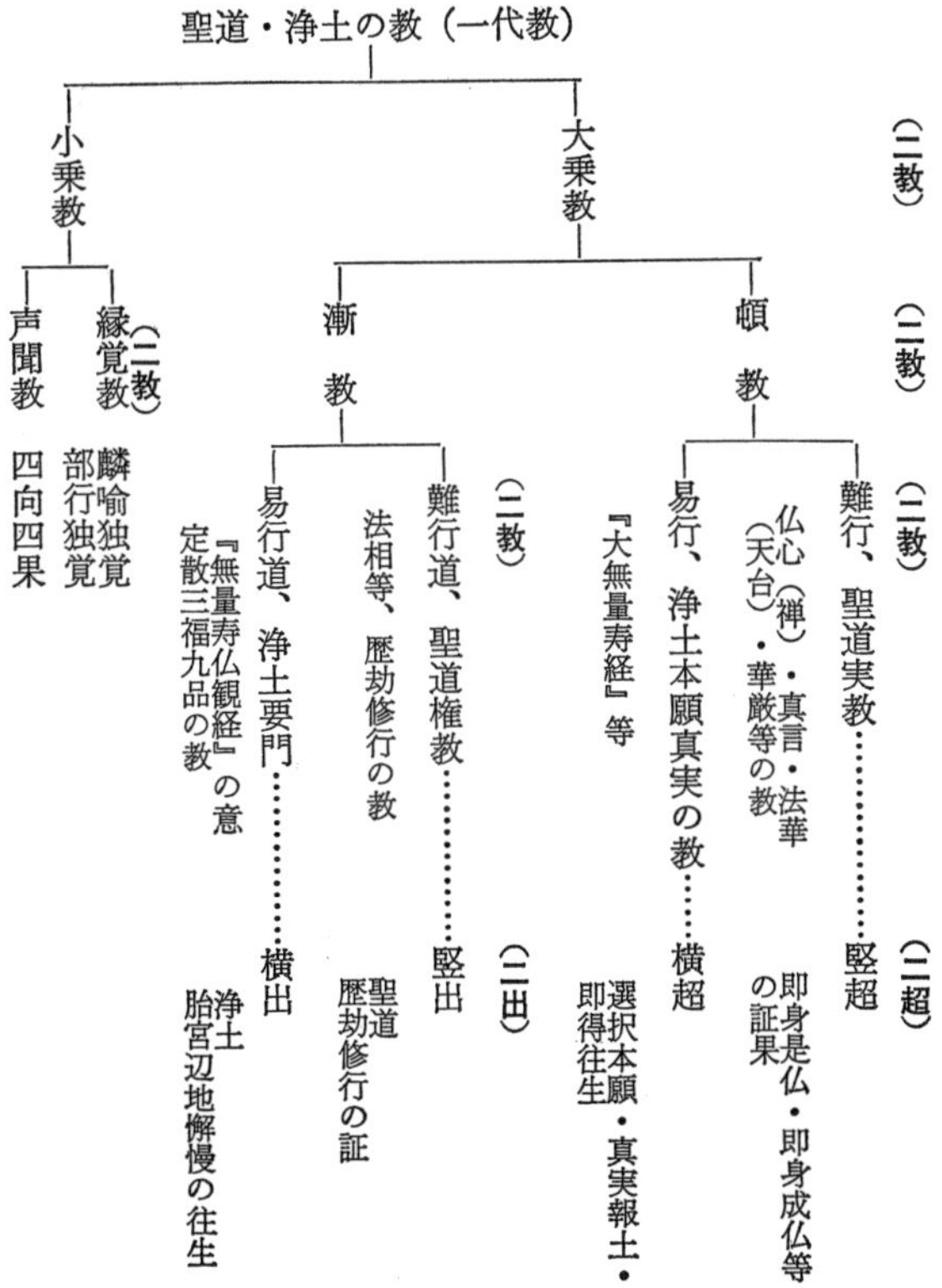

つまり、仏教は、自力難行の道である聖道門（竪）と、他力易行の道である浄土門（横）とに大別され、それぞれに方便の教である権教（出）と、真実の教である実教（超）とがありますが、これを言いかえますと、釈尊一代の教には大乗と小乗とがあり、大乗の教には頓教と漸教があって、頓教のうち、禅宗・真言宗・天台宗・華厳宗などは聖道門の実教、『大無量寿経』にもとづく浄土真宗は浄土門の実教であり、漸教のうち、法相宗などは聖道門の権教、『観無量寿経』に顕説されている浄土の要門は浄土門の権教であるというのであります。そして、聖道門の実教は、一往、教理の上では実教ではあるけれども、それは聖者のための教であり、私ども凡愚がそれを実践することは至難のことであり、さらにいえば、自力の修行によってさとりに至ることは不可能であると教えて、選択本願《せんじゃくほんがん》念仏の教に帰せしめるためのてだてでありますから、再往には、権仮方便の教であるするのであります。このことを『愚禿鈔』に、つぎのように述べています。

「ただ、阿弥陀如来の選択本願を除いて、それ以外は、大小・権実・顕密の諸教である難行道・聖道門であり、また、易行道・浄土門といっても、「それは自己の善根をさしむけて浄土に生まれたいと願う、自力を立場とするものであり、本願他力の真実に帰させるためのてだてとしての、仮りの入り口である」浄土廻向発願《えこうほつがん》自力方便の仮門《けもん》にほかならない。このことをよくよく知るがよい」と。

以上、仏典成立の歴史をたどり、親鸞聖人が仏教の全体系をどのように捉えられたかをみてきたのでありますが、このことをふまえつつ、本論に入りたいと思います。

Ⅱ　仏説無量寿経

一 『大無量寿経』と「正信偈」

法然上人は、『浄土三部経』と世親の『浄土論』の三経一論を正依《しょうえ》として浄土宗を開かれましたが、親鸞聖人は『三部経』の教説のなかに真実の説と方便の説があることを洞察されて、『大無量寿経』こそが、釈尊の出世本懐をあらわす「真実の教」であり、この『経』に説かれている主旨（宗）は如来の「本願」、その本質（体）は「名号」であり、これが「浄土真宗」であるとされたのであります。

後に詳しく述べるところではありますが、『大無量寿経』の要旨を略説しますと、巻上には、法蔵菩薩が世自在王仏のみもとで、五劫の長きにわたり思惟《しゆい》して四十八の本願を発《おこ》し、兆載永劫の修行のすえについにその本願を成就《じょうじゅ》して、今から十劫の古《いにしえ》に正覚をひらいて無量寿仏と号する仏となられ、現にこの娑婆世界から十万億の国土をへだてた西方の安楽世界に在《おわ》しまして、諸仏に超えすぐれたうるわしい仏身と仏土を完成あそばされているという、如来・浄土の因果を明かし、巻下には生きとし生ける者が本願に誓われた念仏や諸行を修して浄土に生まれ、それぞれに果を得るという衆生往生の因果を述べ、さらに、釈尊が世の人びとをあわれみ悲しまれるお心から、悪をいましめて善をすすめ、あらゆる教法が地上からすがたをかくす法滅の時代にも、本願念仏の教だけは、その後もとくに百年のあいだとどめたもうことを説くものであります。

この『経』の眼目を、親鸞聖人は、「正信偈」の前半に、あざやかにうたいあげておられますので、本論に入るにさきだち、唱和したいと思います。

帰命無量寿如来　真如から来《きた》りたまえる　いのち量《はか》りなく
南無不可思議光　ひかり不可思議にまします如来に帰命したてまつる
法蔵菩薩因位時　如来が因位の菩薩とあらわれ法蔵比丘と名のられたとき
在世自在王仏所　世自在王仏を師と仰ぎ　そのみもとにおいて
観見諸仏浄土因　諸仏の浄土の因《もと》をたずねてその国土や神がみや人びとのありさまを
国土人天之善悪　つぶさに見そなわして粗悪を捨て善妙を選びとり
建立無上殊勝願　この上なく殊《こと》に勝《すぐ》れた本願を建《た》て
超発希有大弘誓　たぐいまれな大きく弘《ひろ》い誓《ちかい》を世に超えて発《おこ》したまい
五劫思惟之摂受　五劫の長きにわたり思いをめぐらして　ついにこれをえらんで摂《おさ》めとり
重誓名声聞十方　四十八願を説いて　重ねて誓われるには「わが名を十方に聞こえさせよう」と
普放無量無辺光　かくて仏と成り　あまねく十二の光を放ち　量《はか》りない光　辺《ほと》りない光
無碍無対光炎王　さえぎるもののない光　くらべるもののない光　炎《ほのお》の王のごとき光
清浄歓喜智慧光　貪《むさぼ》り瞋《いか》り癡《おろか》さを離れた　清浄の光　歓喜の光　智慧の光
不断難思無称光　断えることのない光　不可思議の光　称《たた》えようもなく説きつくすことのできぬ光

超日月光照塵刹　日月に超えすぐれた光をもって塵《ちり》のこの世を照したもうた
一切群生蒙光照　生きとし生ける者はみな照らされて光の徳を蒙らぬものとてない
本願名号正定業　第十七願に誓う本願の名号の大行を正定業《しょうじょうごう》と選びさだめたまい
至心信楽願為因　第十八願に至心信楽欲生と誓って大信心を往生の正因としたもう
成等覚証大涅槃　信を獲《う》るそのときに如来と等しき位に定まり報土に生まれて大涅槃を証することは
必至滅度願成就　必ず滅度《さとり》に至らせようとの第十一願の成就にもとづく
如来所以興出世　諸仏が世世《よよ》にお出ましになるゆえんは
唯説弥陀本願海　ただひとえに海にもたとえられるべき広大な弥陀の本願を説こうがためである
五濁悪時群生海　末の世の五濁悪時に　苦しみの海にむらがりうごめく人びとよ
応信如来如実言　心して釈迦如来のまことのみことをふかく信受するがよい
能発一念喜愛心　よく信の一念をおこして仏恩をよろこぶ身となると
不断煩悩得涅槃　迷いの心を断ちすてずとも無上涅槃にさとり入ることができる
凡聖逆謗斉廻入　凡夫や聖者の川の水も　五逆や謗法の海の水も
如衆水入海一味　本願功徳の大宝海に帰入すると　転じかえなされて一味となる
摂取心光常照護　摂《おさ》め取って捨てたまわぬ仏心のひかりは　常にわが身を照し護りたまい
已能雖破無明闇　信心をいただくその時に　すでに疑いの闇が破られてはいても
貪愛瞋憎之雲霧　財欲や色欲やいかりやにくしみの煩悩の雲や霧は

常覆真実信心天　真実信心の天《そら》を常に覆いかくしているのであるが
譬如日光覆雲霧　けれども　曇り空の下でも明るいように　信心の太陽のもとでは
雲霧之下明無闇　すでに疑いの闇はなく煩悩も往生のさわりとはならない
獲信見敬大慶喜　信心を獲て如来をおがむ身となると　救われたよろこびの心は大きく
即横超截五悪趣　すぐさま正定聚の位に即《つ》き　五悪趣のきづなが横さまに截《たちき》られる
一切善悪凡夫人　善人であれ悪人であれ　すべての愚かな人びとが
聞信如来弘誓願　本願のいわれを聞き信じて疑わぬ身となれば
仏言広大勝解者　釈迦如来はその人を広大な智慧のすぐれた者とたたえ
是人名分陀利華　清らかな白蓮華のごとき人と名づけてほめて下される
弥陀仏本願念仏　阿弥陀仏の本願に誓われた念仏は
邪見憍慢悪衆生　よこしまな考えにとらわれ自力にほこる愚悪の人びとには
信楽受持甚以難　信ずることも行ずることもはなはだむずかしく
難中之難無過斯　難《かた》きが中になお難《かた》くこれに過ぎたむずかしさはない

二　『大無量寿経』とその異訳

『大無量寿経』の梵本は、『スカーヴァティー・ヴィユーハ』（極楽荘厳）と題されており、現在、二十種あまりの写本がネパールの附近から発見されています。それは今の『大経』と完全に一致するものではなく、本願の数が四十六であり、三毒五悪段はありません。梵本にも発展増広があったことは、漢訳の異訳経典からも推測されるところであります。また、三毒五悪段は中国において加えられたものともいわれます。

さて、漢訳の『大経』には、十二種の翻訳があったと伝えられ、五訳が現存しており、親鸞聖人は『教行証文類』に、宋訳の『荘厳経』以外の四訳を引用されています。

浄土真宗が正依《しょうえ》（まさしきよりどころ）とする『大無量寿経』は、『仏説無量寿経』と題され、曹魏の康僧鎧《こうそうがい》の訳によるものであります。訳者は、二五二年に洛陽へ来て白馬寺に住し、『郁伽長者経』なども訳しており、インドの人と伝えられていますが、「康」という名からすると、中央アジアのサルマカンド地方になんらかの関係があったと思われます。

なお、学者のあいだで、この『経』の訳者を康僧鎧とすることについて疑問があるとされ、あるいは仏陀《ぶつだ》跋陀《ばつだ》羅《ら》と宝雲との共訳ではないかともいわれていて、そうであれば、四二一年ごろの翻訳であります。

異訳の経典には、次の四訳があります。

『仏説無量清浄平等覚経』　四巻　後漢月支国三蔵支婁迦讖《しるかせん》訳

漢訳と呼ばれ、『平等覚経』と略称されており、訳者は帛延《はくえん》であるともいわれます。本願の数は二十四願であります。

『仏説阿弥陀三耶三仏薩楼《ぶっさる》仏檀過度人道経』二巻　呉月支国居士支謙訳

呉訳と呼ばれ、『大阿弥陀経』、『過度人道経』と略称されます。本願の数は漢訳と同じく二十四です。

『無量寿如来会』　二巻　大唐三蔵菩提流志《ぼだいるし》奉詔訳

『大宝積経』の第五会にあたり、同経の巻十七・十八に収められていて、唐訳と呼ばれ、『如来会』と略称されます。本願の数は四十八願ですが、三毒五悪段はありません。

『仏説大乗無量寿荘厳《しょうごん》経』　三巻　西天訳経三蔵朝散大夫試光禄卿明教大師臣法賢奉詔訳

宋訳と呼ばれ、『荘厳経』と略称されます。本願の数は三十六願で、三毒五悪段はありません。

このほか、南宋の王日休が編集した『大阿弥陀経』二巻がありますが、これは梵本からの翻訳ではなく、前記の五訳のうち、『如来会』を除く四本によって編集されたものであります。また、『聖無量光荘厳と名づくる大乗経』と題するチベット訳があり、本願の数は四十九をかぞえ、三毒五悪段はありません。

国訳としては、『大無量寿経』の延べ書や意訳が多数あり、梵本からの訳には、南条文雄博士が訳したものを最初として、数本が公刊されており、手近かなものとしては『岩波文庫』に収められている中村元博士らの訳があります。チベット訳からのものには、青木文教師の訳をはじめ、三種が刊行されています。

三　出世本懐の経典

『仏説無量寿経』は、釈尊が無量寿仏とその浄土について説かれた経典であります。無量寿仏は、梵名をアミタ・アーユスといいます。別名を無量光仏（梵名アミタ・アーバ）とも申しますが、漢訳では両者を区別せず、阿弥陀仏、略して弥陀と呼んでいます。

この『経』は、釈尊が王舎城（古のマガダ国の首都、現在のラージギル）の東北にある耆闍崛山《ぎしゃくつせん》（霊鷲山《りょうじゅせん》、霊山《りょうぜん》）において、すぐれた比丘（ビクシュ、完全な戒をたもつ男性の出家者）たち一万二千人と、かぞえきれない多くの菩薩たちを聴衆として説かれたかたちで叙述されています。

ところで、一般に、経典は、その経が説かれたいきさつを述べる序分《じょぶん》と、まさしく説こうとする内容を述べる正宗分《しょうしゅうぶん》と、経の功徳と普及を述べて結びとする流通分《るづうぶん》から構成されています。これを「三分科経」といい、経典の伝統的な解釈方法に用いられており、インドでは、『仏地経論』にその例があり、中国では、東晋の時代に弥天《みてん》の道安（三一二〜三八五）がはじめたと伝えられています。

序分は、これを通序と別序、あるいは証信序と発起序とに区分しますが、通序とは経典一般に共通する形式の序、別序とはその経典だけに固有な序をいい、また、証信序とは仏が説かれたところを正しく伝えていることを証明して人びとに信ずるようにすすめる部分、発起序とはその経が説きおこされたいわれを述べる部分を指します。一般に、経典は「如是我聞」の語ではじまっていますが、これは、この経に記述されているところは釈尊が説かれたそのままであって信ずべきであることを「如是」、経典の伝承者（一般には阿難）が「わたしは仏の説法をあやまりなく聴聞し、聞き得た真実をそのまま再現いたしました」と表明することを「我聞」というのであります。そして、次に、いつ、どなたが、どこで、だれを対象にして説かれたかが述べられており、この信・聞・時・主・処・衆を、経典が完全に具備すべき条件であるという意味で、六事成就、あるいは六成就と呼び、以上を通序といいます。この中、信成就と聞成就を証信序といい、時成就以下を、発起序のうちの化前序としますが、通序全体を証信序ということもあります。

『大無量寿経』においては、「我聞如是」とあり、普通の場合とでは、聞成就と信成就の順序は逆になっておりますが、

「我れ聞きたまえき、是《かく》の如《ごと》く。一時、仏、王舎城耆闍崛山の中に住したまいき。大比丘衆万二千人と倶《とも》なりき……。

又、大乗の衆《もろもろ》の菩薩と倶なりき。……是の如きらの菩薩大士、称《あ》げて計《かぞ》うべからざる、一時に来会しき」

とあるのが、六事成就を示す通序であり、つづいて、

「爾時《そのとき》、世尊、諸根悦豫《えつよ》し、姿色清浄にして、光顔巍巍《ぎぎ》とましします。……」

として、別序が説かれています。

それは、阿難が、釈尊のお姿が平素とちがって格別におごそかであらせられるのを不思議に感じておたずねしたことから始まります。これを抄訳しますと、

そのとき、釈迦牟尼世尊が全身によろこびをたたえておられ、お姿がきよらかで、み顔は光りかがやき、ひとしおおごそかにあらせられるのを拝見して、阿難は、おん前にうやうや

しくぬかづき、おたずね申し上げるには、

「いつもお側《そば》近くお仕え申し上げているわたくしではございますが、未だかつてこのように おごそかなお姿を拝見したことはございません。

世に超えすぐれて尊いお方であらせられる世尊は、今日は、格別にすぐれたお姿を全身に あらわしておられます。

煩悩の悪魔をうちくだいて制伏された雄者であらせられる世雄《せおう》は、今日は、無量の諸仏を あまねく平等に見たてまつる普等三昧《ふとうさんまい》の境地に住し、特にすぐれた大寂定《だいじゃくじょう》(すぐれたしずか な精神統一の境地。弥陀三昧)に心をおちつけておられます。

迷いの世界を照らす智慧の眼とも申し上げるべき世眼《せげん》は、今日は、闇にさまよう生きとし 生ける者に智慧の眼を与えて導きたもう導師の徳のはたらきをそなえておられます。

世にひいでた世英《せよう》は、今日は、最も勝れた智慧の境地に安んじておられます。

天上界の神がみの中の最高の神にもたとえたてまつるべき天尊は、今日は、自利と利他と のはたらきをまどかに具えた如来の徳を行じておられるように拝察されます。

過去や未来の諸仏と、現に在します仏陀とが、たがいにさとりの境地を念じあわれるとの ことでございますが、いま、世尊もそのとおりに、諸仏を念じあそばされぬはずはございま すまい。いかがでございましょうか。でなければ、どうしてこのように神《こう》ごうしいのでござ いましょうか」

「阿難よ。そなたのたずねは、神がみがそなたをして問わせたのか、それとも、そなた自身の智慧でみずからたずねたのか」

「わたくし自身が、不思議さのあまりにおたずね申し上げたのであります」

そこで、世尊が仰せられるには、

「阿難よ、よくぞたずねた。仏がこの世にあらわれて法を説くのは、さとりの道をのべひろめ、生きとし生ける者を救いとげ、まことのめぐみをさずけたいからである。仏に値《あ》いたてまつり、仏を見たてまつることは、無量億劫という長いあいだにも、めったにあろうことではなく、三千年に一度だけ花がひらくという霊瑞華（優曇華《うどんげ》）の咲くように、きわめてまれなことである。そなたの問は、世をめぐむことが大きく、神がみや人びとを真実の道に入らせることであろう。

阿難よ。如来のさとりは、その智慧は量《はか》りがたく、生きとし生ける者を導くことかぎりがない。いま、私はこのすぐれた如来の境地から法を説くものである。おんみは、心してうけたまわるがよい」と。

釈迦牟尼世尊は、今日、「奇特の法」に住し、「仏の所住」に住し、「導師の行」に住し、「最勝の道」に住し、「如来の徳」を行じたもうという、五徳の瑞相を現《あら》わされて、まさに「出世本懐」の経を説かれようとされるのであります。この厳粛な光景を、親鸞聖人が和讃にうたいあげられていることは、すでに述べたとおりです（四八頁参照）。

のであります。

四　世自在王仏と法蔵菩薩

阿難をはじめ大比丘衆や菩薩がたが、かたずをのむ中に、世尊は、いよいよ本題に入られたのであります。

はるかな遠い昔、錠光《じょうこう》と名づける如来がお出ましになられて以来、五十三の仏がつぎつぎに出世され、無量の衆生を済度《さいど》しては入滅あそばされたのでありますが、つづいて世自在王と申し上げる如来がこの世にお出ましになられました。そのとき、ひとりの国王があり、世自在王仏の説法をうけたまわって深くよろこび、この上ないさとりを求める無上菩提《ぼだい》心をおこして、国も王位も捨て、法蔵と名のる一介の沙門《しゃもん》（出家の修行者）となりました。

法蔵比丘《びく》は、世自在王仏のおん前にぬかづき、頌《うた》によって師仏の徳をたたえ、自分も師とひとしいさとりを得て人びとを救いたいとねがい、その成就を誓ったのでありました。その頌《じゅ》は「嘆仏偈」あるいは「讃仏偈」と呼ばれています。

光りかがやく顔ばせはけだかく
みいつはきわまりがなく
炎《ほのお》ともえてあかあかと輝き
くらべるものとてない
日月の光や
宝の珠のかがやきも

ことごとく影をかくして
さながら墨《すみ》のようである
如来のおんすがたは
世に超えてたぐいがなく
正覚《さとり》のみ声は高らかに
あまねく十方に響きわたりたもう
戒をたもちつとめはげみ
禅定をおさめ智慧の眼をひらきたまえる
これらもろもろの徳は
ならびなくすぐれたまい
ふかくあきらかによく
諸仏の法《のり》の海を念じ
深さをきわめ奥をつくして
そのはてしない底にいたりたもう
無明のおろかさや欲といかりは
世尊には絶えてましまさず
獅子のごとき雄者たる仏の

すぐれた徳は量《はか》りしれませぬ
いさおしは広く大きく
智慧は深くすぐれて妙《たえ》にましまし
光明《ひかり》はすぐれたさまをあらわして
ために大千世界をうちふるわせたもう
ねがわくばみずからも仏となり
世自在王仏と同じく生死にさまよう人びとを救い
さとりの岸に至らせたいとおもう
ほどこしを行い意《こころ》をととのえ
戒をたもち忍びはげみ
心をしずめて
智慧の眼をひらく行を修めよう
私は誓う
「仏となってこの願いをはたしとげ
苦しみに恐れおののく一切の人びとに
大きな安らぎを与えよう」と
たとい諸仏が

百千億万おわしまして
その数は量《はか》りなく
ガンジス河の砂ほどあまたましましても
これら一切の諸仏に
つかえまつる徳よりは
むしろ堅い決意で道を求め
たじろがぬことこそさらにまさろう
たとえばガンジス河の砂の数ほど
あまたな諸仏の世界
また計《かぞ》えきれぬ
無数の国ぐにのはてまで
わたしのさとりの光明《ひかり》が照りわたり
至らぬくまがないまでに
たゆまずはげみ
大御力をそなえるべくつとめよう
私が仏になるときは
その国土を第一のすぐれたものとし

それに住む聖衆《しょうじゅ》はいとすぐれ
道《さとり》の場《にわ》も世に超えて
涅槃《ねはん》のさとりさながらの
たぐいまれな国としよう
わたしは哀れみの心をもち
一切の生きとし生ける者を救いとげよう
十方の国土から来り生まれようとする者が
きよらかな信心をよろこび
やがてわが国に生まれるそのときには
快《こころよ》く楽しく安らけく穏《おだ》やかであらせよう
ねがわくは師の仏よ信明《あかし》をたれたまえ
これこそをわがまことの証《しるし》として
どこまでも志願をつらぬき
ねがうところをつとめはげもう
十方の諸仏世尊は
智慧さわりなくおわしますが
なにとぞこの諸仏がたに

わが心と行とを知ろしめしたまわりたい
たといわが身を
あらゆる苦難の毒の中におこうとも
わがつとめにいそしみはげみ
たえしのんで後悔はいたしませぬ

師仏の前に決意を披攊した法蔵比丘が、

「師よ。わたくしはこの上ない菩提《さとり》を求める心を発《おこ》しました。なにとぞ、このわたくしのために、ひろく教をお説き下さいませ。わたくしは、その教のままに修行にはげみ、きよらかにかざられた数かぎりない諸仏の国ぐにに超えすぐれた浄土をつくりあげるべく、速やかに仏の正覚《さとり》を成就して、生死《しょうじ》の迷いの海にさすらう人びとの苦しみの原因を根こそぎとり除きたいと存じます」

と申し上げると、師の仏が仰せられるには、

「そなたが、どのように修行し、その結果、どのようなうるわしい仏身と国土を完成するかは、そなた自身がみずから知るべきことである」と。

そこで、さらに申し上げるには、

「いえいえ、そのいわれは広く深くて、とても私ごときには知りつくし得ることではございません。師よ。なにとぞ私のために、広く諸仏如来の浄土の成り立ちをお説き下さいませ。そのこ

とをうけたまわり、お示しのとおりに修行し、ねがいを満足して、仏身と仏土を完成したいと存じます」と。

その意志と願望が深く広いことを見ぬかれた世自在王仏は、

「比丘よ。たとえば、一人で大海の水を桝《ます》で汲《く》んで量《はか》ろうとすることは至難のわざではあるが、幾劫《こう》ともしれぬ長い歳月をかけて、倦《う》まずたゆまずつづけるならば、ついには、底の底まで汲み干《ほ》して珍しい宝を手にすることができるように、そなたがひたすらまごころをこめてつとめはげみ、道を求めてやむことがないならば、ついには、きっとその目的を果《はた》しとげ、いかに至難な志願でも、成就しないはずはない」

と仰せられて、法蔵比丘のために、二百一十億の諸仏の国土の優劣精粗と、それに居住する神がみや人びとの善悪をつぶさに説かれた上で、その国土のことごとくをまのあたりに現《あら》わして、比丘にお見せになられました。(二百一十億の数については、例えば、『華厳経』の華蔵世界品に説く二十重の世界において、最下の世界を一仏刹微塵数の世界で囲繞し、順次に第二十重の世界を二十仏刹微塵数の世界で囲繞している総計を指すとするなど、いろいろな説があります)。

かくて、比丘は師仏の説きたもうところをうけたまわり、見せたもうところを拝見して、無上殊勝の願を超発《い》されたのでありました。法蔵比丘の心は澄みきって寂静《しずけさ》そのものであり、その志はこだわりや執われがなく、世に超えすぐれてつねなみのものには及びもつかぬものでございました。こうして、比丘は五劫の長きにわたり、冥想をこらし思惟《しゆい》をめぐらして、量りない諸仏の国ぐにの中から、ありとあらゆるすぐれた条件、不可欠な条件を選択し、いま建立しようとするみずからの浄土を荘厳《しょうごん》すべき清浄の行を選んで摂《おさ》め取られたのであります。

比丘は、二百一十億の諸仏の国ぐにのすぐれた条件、またそれを建立するための清浄の行をまなび、粗悪を捨て善妙をえらんで選択摂取《せんじゃくせっしゅ》された後、あらためて師仏の前にひざまづき、うやうやしく、

「世尊よ。わたくしは、大御力《おおみちから》によりまして、今すでに、わが浄土をかざるべき清浄の行を選びとるにいたりました」

とご報告申し上げると、世自在王仏は、

「時節が到来したのだ。さぁ、そなたの本願を、今ここで説くがよい。よく知らせるがよい。多くの人びとに聞かせて、さとりを求める心をおこさせ、よろこびを与えるがよい。そなたが説くところを聞けば、菩薩たちは、きっといよいよ道を修め、これを機縁としてめいめいが無量の大願を満たすことができよう」と仰せられたのでございます。

そこで、比丘は、「たとい、わたしが仏のさとりを得ることができても、いま誓うねがいの一一が完全に満たされなければ、決して正覚《さとり》を取るまい」と、四十八の本願をつぶさに説き述べられたのであります。

五　法蔵菩薩の意義

世自在王仏のもとで菩薩の大願を発して修行された法蔵比丘は、因位から果位へ向おうとする菩薩の典型であります。しかし、それが単に仏道修行者の典型《モデル》というだけではなくて、法蔵菩薩に深い意味を見いだされたのが、親鸞聖人でありました。

　南無不可思議光仏　饒王仏《にょうおうぶつ》ノミモトニテ
　十方浄土ノナカヨリゾ　本願選択摂取スル　（「大経意」六、国宝本による）

といわれますように、法蔵菩薩は、仏教の究極絶対の真理が、衆生の救済のために具体的な真理として名のられたものであると、聖人は仰がれたのでありました。

親鸞聖人は、『一念多念文意』に、

「〔仏教の究極絶対の真理である〕一実真如と申すのは、無上大涅槃のことである。涅槃はすなわち法性《ほっしょう》である。法性はすなわち如来である。宝海と申すのは、〔阿弥陀仏の本願が〕よろずの衆生をきらわず、障《さわ》りなく、へだてず、〔浄土へ〕みちびきたもうことを、大海の水にへだてがないことに喩えたもうのである。この一如宝海からかたちをあらわして、法蔵菩薩と名のりたもうて、何ものにもさまたげられない誓いを起したもうのを因《たね》として、阿弥陀仏となりたもうたのであるから、報身如来と申し上げるのである。これを尽十方無碍光仏と名づけたてまつったのである。この如来を南無不可思議光仏と申すのである。この如来を方便法身と申すのである」

といい、また『唯信鈔文意』に、

「涅槃をば滅度という。……一如という。（中略）この一如からかたちをあらわして、方便法身と申すおん姿を示し、法蔵比丘と名のりたもうて、不可思議の大誓願をおこして、〔阿弥陀仏として〕あらわれたもうおんかたちをば、世親菩薩は尽十方無碍光如来と名づけたてまつりたもうたのである。この如来を報身と申す。誓願〔を業因として、その〕業因に報われ〔阿弥陀仏となり〕たもうたから、報身如来と申すのである」

といわれているように、仏教の究極絶対の真理である「如」が、「如」自体のはたらきとして、生きとし生ける者を救うために、「如」から来生《らいしょう》して法蔵菩薩と名のられ、その「本願」を「名号」に成就して阿弥陀仏となられたと仰がれるのであります。つまり、仏法の根本は、世に超えすぐれた「本願」にあり、「本願成就の仏」は「名号」として私たちに名告《の》りたまい、私たちをして信じさせ称《とな》えさせて下さるのであって、法蔵菩薩を、単なる従因向果の菩薩の典型、その神話的表象とみるのではなく、果から因に下《くだ》られた菩薩として、法蔵菩薩に仏法の根元をみいだされたのでありました。

　仏教の究極絶対の真理は、色も形もなく、ことばもこころも及ばない、表象を絶し表現を超えたものであり、強《し》いて名づけると、「真如」とか「一如」といわれるものであります。それは絶対の真であり、絶対の一であって、さながらにありのままであります。それは、迷いとか悟りとかいう二元的対立を超え、迷いのかげさえとどめませんから、悟りということさえもなく、絶対の「虚無」であるともいえましょう。さらにいうと、迷いと悟りという絶対矛盾を自己同一的にみずからの内に包みつつ、しかも、迷悟の対立を絶しているのが「一如」であると申してもよいでしょう。

ですから、すべての存在は、「一如」というあり方において、さながらに、あるがままに存在しているのでありまして、いわば、「一如」は、すべての存在の究極的なあり方、本来的なあり方にほかなりません。しかしながら、現実の存在のあり方はというと、それは迷いの存在であり、「一如」にそむいたあり方として存在しておるのでありまして、迷妄な、全く非本来的なあり方なのであります。このことから申しますと、「一如」が「一如」であるためには、迷妄な非本来的なあり方にある存在の迷妄性を絶対に否定し、絶対の一に帰せしめなければならないわけで、そうでないと、「一如」が「一如」たることを実現できないといわなければなりません。

つまり、「一如」は、迷悟の対立を超えた絶対のさとりそのものでありつつ、しかも、現実の迷妄な存在を「一如」たらしめることにおいてのみ「一如」であるといわなければならないのですが、「一如」が悟りとして、迷いに対するということ、それは、「一如」が「一如」であることの否定にほかならぬともいえましょう。このように、「一如」が「一如」として自己実現するためには、「一如」が「一如」たることを否定しなければならないという矛盾があり、その絶対矛盾は、迷悟を超えつつ、しかも迷悟を内に包んでいるという、「一如」自体の根本構造にもとづくといわなければなりません。そして、この根本構造において、「一如」が「一如」に即しつつ、しかも「一如」が「一如」であることをやめて、迷界にかたちをあらわすのが、「如から来生する」ことにほかならず、如来は「如↓来」であります。如来は、「如↓来」することにおいて、一切群生海と名づけられる生きとし生ける者の迷いの海の、底の底までくだり来《きた》って、そのことごとくを救けとげることにおいて「如↑来」したまうのであって、その意味では、如来は「如↑↓来」であると申せましょう。(「来」には「きたる」と「かえる」の両義があります〈『唯信鈔文意』〉)

「如来は虚無《こむ》である」(『涅槃経』、「真仏土文類」に引用)とも説かれるように、有無を絶した「一如」そのものでありますが、しかも、「一如」のいわば自己疎外態として、「如↑↓来」したもうのが「如来」であります。古来、この関係は、法性法身と方便法身との関係として論じられてきましたが、二種法身が不一不異であり、相即相入するものとされていることは、「一如」自体の構造をたくみに説いたものといえましょう。

さきに引用したように、法蔵菩薩について、親鸞聖人が「一如からかたちをあらわして、方便法身と申すおん姿を示し、法蔵比丘と名のりたもうて」と申されていることは、このような「一如」自体の根本構造にもとづき、法性法身たる「一如」が、みずから自己疎外態として「如↑↓来」して、方便法身のかたちをとることでありましょう。しかし、なぜ菩薩のすがたをとらなければならないのかということは一つの問題であります。

思いますのに、私たち衆生は始めなき過去から今日今時にいたるまで、はてしなく生死の苦海にさまよいつづけてきたのでした。「一切群生海」と名づけられるのは、そのすがたであります。

ところで、この「一切群生海」は、「一如」の外にあるのかといえば、そうではなくて、聖人が『唯信鈔文意』*に、

「この如来は、微塵世界（あらゆる世界）に満ちみちたもうのである。すなわち、〔如来とは、とりもなおさず〕一切群生海の心である」

といわれるところであります。つまり、このことは、如来と一切群生海との二元を立てて、如来が一切群生海の心に満ちみちているというのではなくて、如来が、即、一切群生海の心であるということであります。それは、「一如」たる如来が、みずからの内に苦悩の衆生を見いだされたことであり、みずからの内に苦悩の衆生を見いだすがゆえに、「如」は「如↓来」せざるを得ず、因位の菩薩として衆生のすがたをとり、煩悩にまみれひとかけらの善さえもない衆生のために、絶対清浄真実な「如」が菩薩の「清浄願心」として具体的にあらわれはたらくのであります。そして、本願を成就し、一切群生海を救うことにおいて、衆生を「如」にかえらせると同時に、それがそのまま、みずから「如」にかえりたもうことにほかならず、「如↑来」したもうといわなければなりません。つまり、「如」が「如」から来生して、「如」に還帰する「如↑↓来」のすがたこそ、法蔵菩薩＝阿弥陀仏であるといえましょう。

＊『唯信鈔文意』は、親鸞聖人が門弟に対してしばしば書きあたえられていて、テキストの奥書も、建長二・建長八・康元二・正嘉元とその年記がさまざまであります。そして正嘉元年の奥書をもつ『真宗法要』本では、「この如来、……すなはち一切群生海の心にみちたまへるなり」とあり、如来と一切群

生海との関係が二元的に説かれていますが、他の諸本は、高田本山に伝わる康元二年奥書の本に、「この如来、すなわち一切群生海の心なり」とあるのとほぼ同じですので、それにもとづきました。

なお、「法蔵」という名でありますが、それは梵語の「ダルマーカラ」の訳であって、「法の鉱床」、「法の堆積」を意味する語であり、伝統的な解釈では、「仏法を蔵して失わない」意とされています。この「蔵」を阿頼耶識《あらやしき》（宇宙の万有をささえたもって失わず、万有の展開の依りどころとなる基体的なこころ。蔵識とも訳されています）と関係づける解釈もありますが、原語からはただちには結びつきません。

六　四十八願

法蔵菩薩は、つぎのような四十八の願を誓われたのであります。

(1)無三悪趣の願　わたしの浄土には、地獄・餓鬼・畜生という三悪趣をなくしたい。

(2)不更《ふきょう》悪趣の願　わたしの浄土に生まれた者が、二度と悪趣にかえることがないようにさせたい。

(3)悉皆金色《こんじき》の願　わたしの浄土に生まれる者の皮膚の色を、ことごとく金色であらせたい。

（「色」という語には、インドのカースト制度における「種姓」という意味がありますから、人種や階級や出自などによる差別をなくしたいという意味にも理解されます。）

(4)無有好醜の願　浄土に生まれる者の容貌に、美醜がないようにしたい。

(5)宿命通《しゅくみょう》の願（令識宿命《りょうしき》の願）　過去の世における生存のありさまを知りつくす能力をあたえたい。

(6)天眼通《てんげん》の願（令得天眼の願）　世のすべてのこと、未来の世のことまでも見とおすことができ、あらゆる諸仏の国ぐにを見つくす能力をあたえたい。

(7)天耳通《てんに》の願（天耳遥聞《ようもん》の願）　世のすべての声を聞くことができ、あらゆる諸仏の説法をもらさず聞く能力をあたえたい。

(8)他心通の願（他心悉知の願）　他人が心に思うことがらを知ることができ、あらゆる諸仏の国ぐにの衆生が心に思っていることを知りつくす能力をあたえたい。

(9)神足通の願（神足如意の願）　一瞬のあいだに、思いどおりに諸仏の国ぐにのはてまでも行きつくす能力をあたえたい。

(10)漏尽《ろじん》通の願（不貪計心の願）　情意や知性による自己自身への執われをなくさせたい。

(11)**必至滅度の願**（証大涅槃《ねはん》の願）

「設《たと》い、我《われ》、仏を得たらんに、国の中の人・天、定聚《じょうじゅ》に住し、必ず滅度に至らずば、正覚を取らじ」

〈もし、わたしが仏になることができても、わたしの国に生まれようとする人びとや神がみが、〔この世において〕正《まさ》しく浄土に生まれることがさだまった正定聚《しょうじょうじゅ》の仲間入りをし、〔浄土に生まれるとき〕必ずこの上ない仏の さとりである滅度に至ることができない

ようならば、決してさとりをひらきますまい〉

この願は、「真実の証」を誓うものであります。私たちが浄土に生まれ往《ゆ》くことも、浄土に生まれて仏となりこの世に還《かえ》って人びとをみちびくことも、すべては如来の本願力の廻向によりますから、私たちは如来からたまわる真実信心が開き発《おこ》る瞬間に不退の位につきさだまり、浄土に生まれるとただちに仏となり、「利他円満の妙位」「無上涅槃の極果」を証することができます。この往生を「難思議往生」というのであります。

「正信偈」に、「等覚を成り大涅槃を証することは　必至滅度の願成就なり」とうたわれているのは、このことであります。第十一願の成就を『大経』の巻下に、

「それ、衆生ありて、彼の国に生まるれば、皆、悉く正定聚に住す。所以《ゆえ》はいかん。彼の仏国の中には、諸《もろもろ》の邪聚及び不定聚なければなり」

〈生きとし生ける者が阿弥陀仏の浄土に生まれたならば、みなことごとく正定聚の境地におちつくことができます。なぜなら、〔浄土は本願のはたらきの然《しか》らしむるところにもとづくので〕、彼の仏国の中には自力をたのむ邪定聚や不定聚の者がないからです〉

また、同じく巻上に、

「彼の仏国土は、清浄安穏にして、微妙快楽《みみょうけらく》なり。無為泥洹《ないおん》の道に次《ちか》し。それ諸の声聞・菩薩・天・人、智慧高明にして神通洞達せり。咸《ことごと》く同じく一類にして、形《かたち》異状なし。但し、余方に因順するが故に、人・天の名あり。顔貌《げんみょう》端正にして世に超えて希有なり。容色微妙にし

て、天にあらず人にあらず。皆、自然虚無《じねんこむ》の身、無極の体を受けたるなり」

〈阿弥陀仏の国土は、きよらかで安らけくおだやかであり、この上なくすぐれて快《こころよ》く楽しく、涅槃の境地さながらです。かの国に住む小乗・大乗の仏弟子や神がみや人びとは、いずれも智慧がすぐれ、自由自在な超能力をもち、姿かたちはみな同じで何らのちがいもありません。ただ、他の世界のならわしにしたがって、天とか人とかの名で呼ぶだけです。顔かたちは端正で、世に超えすぐれてまれであり、容姿がことのほかうるわしいことは、とても神がみや人びとの比ではありません。浄土に住む者は、神がみでもなく、人びとでもないのです。ことごとくみな、自《おのずか》ら然《しか》らしめられる、あるがままの、《自然《じねん》》の法則にのっとり、有や無にかたよらず、すべての執《とら》われをはなれた、《虚無《こむ》》というよりほかはない絶対のさとりの身をうけ、あらゆる相対・有限を超えた、きわまりのない《無極《むごく》》を体としています〉

と説かれています。

⑿光明無量の願

「設《たと》い、我、仏を得たらんに、光明能《よ》く限量ありて、下、百千億那由他《なゆた》の諸仏の国を照さざるに至らば、正覚を取らじ」

〈もし、わたしが仏になることができても、光明にかぎりがあり、百千億那由他という数多い諸仏の国ぐにのはてまで照らすことができないようならば、決してさとりをひらきま

すまい〉

⒀寿命無量の願

「設《たと》い、我、仏を得たらんに、寿命能《よ》く限量ありて、下、百千億那由他の劫に至らば、正覚を取らじ」

〈もし、わたしが仏になることができても、寿命にかぎりがあってはかりきれるようなら、それが百千億那由他劫という長さであるとしても、決してさとりをひらきますまい〉

この、第十二・十三の願は、真実の仏身と仏土の徳を誓われたものであり、その願の成就は、『大経』の巻上に、

「無量寿仏の威神《みいつ》の光明は、最もすぐれて尊く、何にもまして第一であり、諸仏の光明の及ぶところではありません。……それで、無量寿仏を無量光仏・無辺光仏・無碍《むげ》光仏・無対光仏・炎王光仏・清浄光仏・歓喜光仏・智慧光仏・不断光仏・難思光仏・無称光仏・超日月光仏とも号したてまつるのです。……無量寿仏の寿命は長久で、とてもかぞえつくすことはできません。……」（抄訳）

と説かれています。

⒁声聞無数の願　浄土には、仏弟子である声聞や師なしに独りでさとる縁覚のすがたをとる者を、数えきれぬほどにあらしめたい。

⒂眷属長寿の願　浄土に生まれた者のうち、人や天のすがたをとる者には、寿命の長短が自

由自在でありたいとのぞむ者のほかは、その寿命を無限にさせたい。（浄土に声聞・縁覚や人・天が住するという意味については、八三頁以下の第十一願成就文参照）

⒃無諸不善の願　わたしの浄土には、不善の者がなく、不善という名さえなくしたい。

⒄諸仏称名の願（諸仏称揚の願、諸仏咨嗟《ししゃ》の願、往相廻向の願、選択称名の願、往相正業の願）

「設《たと》い、我、仏を得たらんに、十方世界の無量の諸仏、悉く咨嗟して我が名を称せずば、正覚を取らじ」

〈もし、わたしが仏になることができても、あらゆる世界の数かぎりない仏がたが、ことごとく、わたしの名をほめたたえ、となえないなら、決してさとりをひらきますまい〉

この願は、「真実の行」を誓うものであります。その成就を、『大経』の巻下に、

「十方恒沙の諸仏如来、皆、共に無量寿仏の威神《いじん》功徳《どく》、不可思議なるを讃歎したもう」

〈十方におわすガンジス河の砂の数ほどあまたな諸仏如来が、みなともに、無量寿仏の大《おお》御力《みちから》とそのはたらきの徳が不可思議であることをほめたたえておられます〉

「無量寿仏の威神きわまりなし、十方世界無量無辺不可思議の諸仏如来、彼を称嘆せざるはなし」

〈無量寿仏の大御力はきわまりなくすぐれておられます。十方世界の無量無辺で思いはかることができないほどあまたな諸仏如来のどなたも、無量寿仏をほめたたえられぬお方は

ございません〉

「其の仏の本願力　名を聞きて往生せんと欲《おも》えば　皆悉く彼の国に到りて　自《おのずか》ら不退転に致《いた》る」

「その仏の本願のはたらきは、名号のいわれを聞いて疑いなく信じ浄土に生まれたいと欲《おも》う者を、みなことごとく往生させ、おのずと、必ずさとりをひらくべき位に至らせます〉

と説かれています。

法蔵菩薩は、「十方無量の諸仏に、我が名をほめられん、となえられん」（『唯信鈔文意』）と誓われて、「南無阿弥陀仏」（「帰命無量寿如来」「南無不可思議光如来」「帰命尽十方無碍光如来」）の名号《みょうごう》を成就されたのでありますが、それは、如来が「如」から来生されて、「如来」であることを実現あそばされた名告《なの》りにほかなりません。如来の大慈大悲のお心を「名号」として具体的にお名告りになられたのであります。

さきに「法蔵菩薩の意義」の章で述べたことではありますが、形相を絶し表象を超えた「如」そのものである法性法身が、「如」自体の根本構造にもとづいて「如↑↓来」し、方便法身としてかたちをあらわされたのでありました。「方便」とは、「かたちをあらわし、御《み》なをしめして、衆生にしらしめたもう」（『一念多念文意』）ことであり、それが、とりもなおさず「阿弥陀仏」でありますが、しかも、「この如来は光明なり、光明は智慧なり、智慧はひかりのかたちなり、智慧、また、かたちなければ、不可思議光仏ともうす」（同上）といわれ、また、「尽十方無碍光仏ともうすひかりにて、かたちもましまさず、いろもましまさず、無明のやみをはらい、悪業にさえられず、このゆえに無碍光ともうす」（『唯信鈔文意』）といわれるのです。この如来は、十方微塵世界にみちみち、私たちは常に「如来の光明」に照らされているのでありますが、煩悩に眼《まなこ》を障《さ》えられた私たちは、その摂取の光明を見ることができません。ただ、如来の名告りとしての「名号」を聞くほかに如来に遇いたてまつるすべはなく、「名号」を称《とな》えるほかに仏を憶《おも》うすべはないのであります。

親鸞聖人は、第十七願は「浄土真実の行」「選択本願の行」を誓う願であり、それに誓われた「大行」とは、「無碍光如来の名《みな》を称する」ことであると申されています。つまり、諸仏にほめたたえられる「名号」は、如来が一切衆生を救いとげようとして選びとられた「選択本願」のはたらきそのものであり、それはとりもなおさず、私たちに「本願に帰せよ」と命じたもう勅命にほかなりません。私たちは「名号」を聞き、そのいわれを疑いなく信じて、ひたすら称《とな》えるばかりであります。

「大行」は大悲の願から出たものであり、それは諸仏に称《ほ》められ称《とな》えられる「名号」のはたらきそのものであります。それは、私たちをして本願を信じさせ、念仏を称えさせるはたらきにほかなりません。しかし、このことは、何か先験的・形而上的な「行」があり、それが私たちの宗教体験における経験的な「信」を生じさせ、その経験の持続と反覆が称名として行じられるというよりは、むしろ、如来の「利他の真心」が「廻向」として私たちの「真実信心」となる事態において、如来の行即衆生の行、衆生の行即如来の行ということが、絶対現在として成りたつことであるといえましょう。つまり、如来の行である「名号」は私たちに信をおこさせる根拠でありますが、しかも逆に、私たちの獲信という事実において、如来の行は「行」として実現するのでありまして、その意味では、「行」は超越的でもなく、内在的でもなく、信の一念において現成し、現在するといわなければなりません。

⒅至心信楽の願（念仏往生の願、選択本願、本願三心の願、往相信心の願）

「設《たと》い、我、仏を得たらんに、十方の衆生、心を至し信楽《しんぎょう》して我が国に生まれんと欲《おも》いて、*乃至十念せん、若し生まれずば、正覚を取らじ。唯、五逆と誹謗正法を除く」

〈もし、わたしが仏になることができても、十方のあらゆる国ぐにの生きとし生ける者が、如来の清浄真実な利他の真心である至心を体とする信楽、すなわち利他真実の信心をおこして、わたしの国に生まれたいと欲《おも》えとの勅命のままに浄土に生まれることをねがい、本願を信じて疑わず、上は一生涯から、下は十声・一声に至るまで念仏するのに、もし、それにもかかわらず生まれることができないようであれば、決してさとりをひらきますまい。ただ、⑴父を殺し、⑵母を殺し、⑶聖者を殺し、⑷教団の和合を破り、⑸仏身を傷つけるという小乗の五逆罪、あるいは、⑴塔を壊し経を焼き三宝の財物を盗むこと、⑵仏教の弘まるのを妨げ危難を加えて覆いかくすこと、⑶出家者をはずかしめ還俗させるなどその面目を失わせること、⑷小乗の五逆罪を犯すこと、⑸因果の道理を否定して十悪を行うこと、という大乗の五逆罪をつくる者や、正しい真理である仏の教法を否定してそしる者は、そのかぎりではありません。〔もとより、五逆と正法を誹謗する者を除くというのは、この二つの罪が甚だ重いので、人びとに重罪を犯させないようにとのお心から、これを抑《おさ》え止《とど》めたもうのであり、なおそれでも犯す者があれば、悲しみあわれんで逃げる者を追わえるように摂《おさ》め取って捨てたまわず、むしろ逆謗の罪人をこそ正機とするのでありますが〕〉

＊「乃至十念」の「十念」は、梵本では「浄土に生まれたいと願う心を十たび起すこと」であり、ただちに称名念仏を意味するものではありませんが、善導大師は「念と声とは是れ一」であり、「上は一形を尽し、下は十声・一声に至るまで」の称名念仏であると解されたのでした。

この願は、「真実の信」を誓うものであり、その本願の成就を『大経』の巻下には、つぎのように説かれています。

「あらゆる衆生、其の名号を聞きて、信心歓喜せんこと、乃至一念せん。至心に廻向せしめたまえり。彼の国に生まれんと願ぜば、即ち往生を得、不退転に住せん。唯、五逆と誹謗正法とをば除く」

〈すべての生きとし生ける者は、本願に誓われた名号のいわれを聞き信じて疑う心がつゆほどもなく、如来から利他真実の信心をたまわって、身にも心にも、浄土に生まれることができることをかねてさきからよろこび、多きをも少きをも、久しきをも近きをも、さきをもあとをも、ことごとくをおさめた一念の瞬間に、救いにあずかるのであります。それは、如来の清浄真実な至心《ししん》にもとづくのであって、如来が衆生を無上涅槃のさとりに至らせるために、そのあらゆる功徳をめぐらしひるがえしてさしむけ、利他真実の信心をあたえて下さるからであります。本願を信じることとは、とりもなおさず、如来の勅命のままにかの安楽浄土に生まれたいとねがう心にほかなりませんから、人びとは如来から廻向された真実信心がおこる瞬間に、ときをも日をもへだてず、即時に往生すべき身とさだまり、必ず滅度に至る不退の位に即《つ》くことができます。ただ、五逆の罪を犯す者と、正しい真理である仏の教法を否定しそしる者は、そのかぎりではありません〉

第十八願は、浄土に往生する正因を誓った願であり、この願に救われて真実報土に往生する者を「正定聚の機」と申します。法然上人は、この願を「念仏往生の願」と名づけ、「本願の中の王」といわれました。

この願の意味を、道綽禅師は、

「もし、人びとが、たとい一生涯のあいだ、悪ばかりを造っていても、命終る時に臨んで、十念相続してわたしの名字を称《とな》え、それで往生できないようであれば、決してさとりをひらきますまい」

と解し、善導大師は、

「もし、わたしが仏に成ることができても、十方の衆生がわたしの国に生まれたいとねがって、わたしの名字を下は十声に至るまでも称えて、本願のはたらきに救われて浄土に生まれることができぬようであれば、決してさとりをひらきますまい」と釈されています。そして、法然上人はこのお示しをうけて、願文に「至心《ししん》・信楽《しんぎょう》・欲生《よくしょう》」と誓われているのを、『観無量寿経』の上品上生に説く「至誠《しじょう》心・深《じん》心・廻《え》向発願《こうほつがん》心」にあてて、この三心を具足して、上は一生涯から、下は十声・一声に至るまでの「乃至十念」の称名念仏を専ら修する者は浄土に生まれることができるとし、また、ひたすら念仏する者には、おのずから三心が具わるとされたのでした。

親鸞聖人は、この法然上人の「選択本願念仏」の教を「正信念仏」と領解《りょうげ》され、「行」が第十七願に誓われているのに対して、第十八願は「信」を誓うものであり、この願の眼目は「至心・信楽・欲生」にあり、「乃至十念」は、信心を憶念《おくねん》相続することであると頂かれたのです。

聖人の領解によりますと、「至《し》心《しん》」とは、「真実誠種《じょうしゅ》の心」であります。「至心」は如来の「真実心」であり、「利他の真心」であります。如来は、すべての生きとし生ける者が、無始からこのかた、今日今時にいたるまで、穢《え》悪《あく》汚《わ》染《ぜん》で清浄の心がなく、虚《こ》仮《け》諂偽《てんぎ》で真実の心がなく、生死の苦海にさすらっているのを悲しみあわれまれて、救《たす》けとげようとして本願をおこし、それを成就すべく、菩薩の行を行じられたのでしたが、その間、一瞬たりとも清浄でなく、真実でないことはありませんでした。そして、その如来の「至心」を、煩悩《ぼんのう》にまみれ、悪業《あくごう》・邪智にみちみちた「一切群生《ぐんじょう》海」に、めぐらしひるがえして施《ほどこ》された（廻施《えせ》された）のであります。つまり、如来の「至心」は、生きとし生ける者を救いとげようとする「利他の真心」であり、疑いの煩悩などはちりばかりもまじらぬ純粋のお心であります。それは、一実真如の妙理をまどかにそなえ、煩悩・悪業にさえられずやぶられぬ、真実の功徳そのものである「至徳の尊号（名号）」を本質とするお心であります。

「信楽《しんぎょう》」とは、この如来の「至心」を体とする「真実誠満《じょうまん》の心」、「極成用重《ごくじょうゆうじゅう》の心」、「審験宣忠《しんげんせんちゅう》の心」、「欲願愛悦の心」、「歓喜賀慶《かんぎがきょう》の心」であります。すなわち、如来の真実が衆生の身に満ちみつる心、本願が真理をきわめつくして完成していると信用し尊重する心、つまびらかに確実にあきらかに疑いなく信ずる心、如来が衆生を救いとげようとおぼしめす本願力にもよおされたよろこびの心、獲《う》べきことをかねてさきからよろこび、得《え》てのちによろこぶ心であります。それは、如来の大悲を完全に満足し、あらゆる功徳善根を欠けめなくそなえ、自在であり、煩悩・悪業にさまたげられずやぶられない、海にも喩えるべき「信心海」であります。この如来の「信楽」は、疑いの煩悩のちりばかりもまじらぬものであり、「一切群生海」に満ちみちているのであります。如来は、この「信楽」を「利他真実の信心」として衆生に廻施《えせ》されたのでありますから、如来の「信楽」はそのまま衆生の「信楽」にほかなりません。私たちが信じるとか疑うとかいうばあい、それが私たちのはからいによるかぎりは、信といい疑といっても、所詮は相対的な表裏関係にあるものであって、煩悩に執われた、かたくなな心にすぎず、このような自己をたのむ信は「自力の信」であり、仏智の不思議を疑う「疑心」にすぎません。私たちには清浄・真実な「信楽」など全くございませんが、すべてを如来の本願のままにうちまかせるところに、如来の「信楽」が、即衆生の「信楽」となるのであります。

「欲生《よくしょう》」とは、この如来の「信楽」を体とする心であります。それは、「願楽《がんぎょう》覚知の心」、「成《じょう》作《さ》為《い》興《こう》の心」、「大悲廻《え》向《こう》の心」であると、親鸞聖人は解釈されています。「欲生」は、如来が「我が国に生まれんと欲《おも》え」と命じたもうお心であり、そのお心のままに勅命に信順して真実報土に生まれたいとねがう私たちの心であります。つまり、如来が私たちに廻施された「真実信心」は、とりもなおさず如来の勅命のままにしたがう純粋の願生心であって、それは、浄土に生まれたいと願楽《ねが》って必ず仏になることができると覚《さと》り知る心であり、仏になるのは如来の本願のはたらきからおこるところであるとする心であり、如来の大悲から廻向された心にほかなりません。

一般に、宗教心は、現実のさまざまな苦悩にぶつかって、その根本的な解決を求めて、自己自身を問うところに始まるといえましょう。そして、自己の脚下をみつめてそれを否定し厭離《えんり》しようとするものもあれば、理想の彼岸にあこがれてその実現を欣求《ごんぐ》しようとするものもありますが、ひたむきに道を求めようとすればするほど、自己をみつめることはむずかしく、また、理想ははるかに遠くて、挫折感をいだかずにはおれません。そのことは、他に原因があるのではなく、自分自身が根源的に邪悪にみち煩悩にけがされているからであります。私たちが浄土にあこがれ浄土に生まれたいとねがう心も、ある意味では理想を求める心であり、そのかぎりでは純粋な真摯《しんし》な心でありましょう。しかし、自分自身が煩悩のかたまりでありますから、いかに純粋であろうとし、真摯であろうとしても、所詮は「雑毒雑修《ぞうどくざっしゅ》の善」、「虚仮諂偽《こけてんぎ》の行」であることをまぬがれることはできません。全身全霊をかたむけて、あらゆる善、あらゆる徳を行じて浄土に生まれたいとねがっても、真実報土に生まれることはできず、方便化土にとどまるといわれているのは、このことでありましょう。一般に「廻向《えこう》」とは、自己の修する善根功徳を自己のさとりと人びとの救いのためにさしむけることを申しますが、本来、うそいつわりのかたまりである私自身に、本当の廻向心などは全くあろうはずがないのであります。私たちが、浄土があると聞いて、浄土に生まれたいとねがいましても、それが人間的願望であるかぎり、功利的であり煩悩的であるといわざるを得ません。これが自力の願生心《がんしょうしん》であります。だが、如来は、私たち人間の本性を見ぬいておられますから、無明《むみょう》・煩悩《ぼんのう》に荒れくるう一切群生《ぐんじょう》海の只中に、「如」から来生して、清浄願心にもとづく浄土を建立あそばされたのでした。それは、いわば私たちの煩悩的な人間的願望に応じながら、絶対の清浄願心によって、無明・煩悩の悪を転じて大善大功徳たらしめることを、浄土の建立において実現されたのであります。如来が「我が国に生まれんと欲《おも》え」と命じたもうのはこのことであり、それは如来の大悲心のはたらくすがたにほかならず、これこそが、如来の「清浄の廻向心」「真実の廻向心」であります。そして、この「欲生我国」の勅命に、疑いなく慮《おもんぱか》りなく信順し、往生をねがうのが「利他真実の欲生心」であり、これが他力の願生心であります。

如来は、「至心・信楽・欲生」の三心を誓って、これを衆生に廻施されたのでありますから、如来の三心がそのまま、衆生の「利他の真心」・「利他真実の信心」・「利他真実の欲生心」となるのでありますが、煩悩のちりばかりもまじらぬ如来の清浄・真実のお心とは、私たちにとっては、仏智の不思議を疑わぬ「疑蓋無雑《ぎがいむぞう》」の大信心にほかならず、それは「真実の一心」であり、「金剛の真心」であり、「真実信心」であります。いかなる悪業・煩悩にもさえられずやぶられぬ金剛のように堅固な、清浄・真実の、如来の「金剛の真心」は、そのまま衆生の「金剛の信心」であり、如来の心即衆生の信、衆生の信即如来の心が「真実信心」において現成するといえましょう。その「真実の一心」こそ、世親菩薩が、

世尊我一心　帰命尽十方　　世尊よ、わたしは、一心に尽十方無碍光如来に帰命し、
無碍光如来　願生安楽国　　安楽国に生まれたいとねがう。

と表白されるところであります。

ついでに、この『大経』の三心《さんしん》と、『観経』の三心《さんじん》、『小経』の一心についてふれておきましょう。

『観無量寿経』の上品上生を説く中に、

「もし、衆生ありて、彼の国に生まれんと願ぜん者は、三種の心を発して、すなわち（即便）往生す。何らをか三となす。一には至誠心《しじょうしん》、二には深心《じんしん》、三には廻向発願心《えこうほつがんしん》なり。三心を具する者は、必ず彼の国に生ず」

とありますが、経典の文面に顕《あら》われたところからいうと、それは、往生をねがう者が、自らまごころこめて（至誠心）、本願を深く信じ（深心）、浄土に生まれたいと発願して、あらゆる諸善万行を修し、その功徳を往生の目的にさしむける（廻向発願心）ことであり、いわゆる「自力の三《さん》

心《じん》」であります。また、『阿弥陀経』に、

「もし、善男子・善女人ありて、阿弥陀仏を説くを聞きて、名号を執持《しゅうじ》すること、もしは一日、もしは二日、もしは三日、もしは四日、もしは五日、もしは六日、もしは七日、一心にして乱れざれば、その人、命終の時に臨みて、阿弥陀仏、諸の聖衆とともに、現じてその前にましまさん。この人、終らん時、心顚倒《てんどう》せず、即ち阿弥陀仏の極楽国土に、往生することを得ん」

とあります「一心」も、文面からいうと、念仏行者が、自己の善根としてひたすら名号を称える「自利の一心」であります。これについて、親鸞聖人は、「化身土文類」本には、経文に顕説されているところからすると、『観経』の三心は「至心・発願・欲生」の要門の信、『小経』の一心は「至心・廻向・欲生」の真門の信であり、いずれも自力の信であるが、その意味内容として隠《おん》密《みっ》に彰《あら》わされているところからは、『観経』の三心は『大経』の三心と異るものでなく、また、『小経』の一心も、「一」とは「無二」であり、「心」とは「真実」を意味し、如来廻向の「大信心」にほかならないとされています。そして、『文類聚鈔』には、『大経』と『観経』の三心を、このような意味から同一であるとみておられます。

いずれにいたしましても、私たちは、本願の「三心」を「真実信心」の「一心」に領受し、「信の一念」の瞬間に「即ち往生を得て」、たちどころに真実報土に往生すべき身とさだまるのです。そして、この救われた仏恩をよろこぶ心は、「乃至十念」の称名念仏として、一生涯相続されるのであります。

ところで、第十八願の成就文に、「其の名号を聞きて、信心歓喜せんこと、乃至一念せん」とありますが、この「乃至一念」がすなわち「信の一念」であります。聖人は、

「一念は、信楽開発の時尅の極促を顕し、広大難思の慶心を彰すなり」(「信文類」)

〈一念とは、如来から廻向された真実信心である《信楽》が、凡夫の心に開きおこされる最初の瞬間を顕《あら》わすのであります。それはまた、広大で、凡夫のはからいの及ぶところではない本願の不思議にめぐりあい、すでに救われる身となったことをよろこぶ慶心《きょうしん》を彰《あら》わすのであります〉

と述べておられますが、私たちは、如来の本願の「三心」を、真実信心の「一心」として、「信の一念」に領受する瞬間に、「即得往生」として即時に不退の位に即《つ》きさだまり、生涯かわらぬよろこびの中に、念念に仏恩を報じ、常に大悲を行ずる身とさせていただくわけであります。この「憶念」の心により念仏相続する「乃至十念」の称名を、親鸞聖人は「真実信心は必ず名号を具す」といわれたのでありました。つまり、第十七願に誓われた「名号」があらわれはたらいて、私たちの上に「信心」を開発《かいほつ》し、その信相続のすがたが「乃至十念」の「称名」となるといえましょう。

なお、「唯除五逆誹謗正法」の意味についてはすでに述べたことですが、若干補足いたしますと、この『大経』の文と、『観経』の下品下生に五逆の者も念仏で救われると説かれていること

とに関する問題として、曇鸞大師は、『大経』の文は複罪であるから救われず、『観経』の説は単罪であるから救われるとし、善導大師は、『大経』の文は衆生が重罪を犯すことをおそれて、あらかじめ抑止《おくし》しようとの仏のご意図を示し、『観経』の説はすでに五逆を犯した者について救うのであり、謗法の罪はまだ造っていないから教説からはぶかれているのであって、仏の摂取の大悲はいかなる罪人をも救いたもうのが本意であるといわれています。そして、このことを親鸞聖人は、

「唯除というのは、ただのぞくということばである。五逆の罪人をきらい、誹謗の重いとがをしらせようとしてである。この二つの罪の重いことを示して、十方一切の衆生が、皆もれず浄土に生まれることができるとしらせようとのことである」（『尊号真像銘文』）

と解釈し、「信文類」には、『涅槃経』により「難化の三機」「難治の三病」をあげて、謗大乗と五逆と一闡提（善根を断じ成仏の因をもたぬ者）という三種類の教化しがたい者を救い、この治しがたい病を癒《いや》すのが、如来の大悲であるとし、本願他力をたのむ悪人こそがまさしき救済の対象（正機）であることを、本願とその成就とにおける「唯除」の文に見いだされたのでありました。

⒆至心発願の願（修諸功徳の願、臨終現前の願、現前導生の願、来迎引接《いんじょう》の願）

「設《たと》い、我、仏を得たらんに、十方の衆生、菩提心を発し、諸の功徳を修し、心を至し発願して我が国に生まれんと欲わん、寿終の時に臨みて、仮令《たとい》、大衆と囲繞《いにょう》して、其の人の前に現ぜずば、正覚を取らじ」

〈もし、わたしが仏になることができても、十方のあらゆる国ぐにの生きとし生ける者が、

菩提心をおこして、もろもろの功徳を修《おさ》め、ひたすら心をはげまして、仏道を成就しようとねがい、わたしの国に生まれたいと欲《おも》うばあい、その人が命終ろうとするときに、多くの聖者たちにかこまれて、まのあたりに仏のすがたを現わすことができないようならば、決してさとりをひらきますまい〉

菩提心をおこして諸善万行を修し、それを因として浄土に生まれたいとねがう者には、臨終にその人の前に現われて、浄土にみちびこうとの願であり、その成就は、『経』の巻下に、三輩の往生として説かれるところで、この願の対象となる者は、自力の人でありますから「邪定聚の機」と名づけます。『観無量寿経』の定善散善、九品往生のすがたもこれであります。

この願は、本願他力の真実にみちびくためのてだてとして誓われた方便の願であり、その「教」は『観無量寿経』に顕説された「要門」、「行」は「修諸功徳の善」、「信」は「至心発願欲生の心」、「果」は方便化土に生まれる「双樹林下往生」(双樹とは釈尊が入滅された場所にあった娑羅《しゃら》双樹)であります。

(20)至心廻向の願(植《じき》諸徳本の願、係念定生《けねんじょうしょう》の願、不果遂者の願、係念我国の願)

「設《たと》い、我、仏を得たらんに、十方の衆生、我が名号を聞きて、念を我が国に係《か》け、諸の徳本を植えて、心を至し廻向して我が国に生まれんと欲わん、果遂《かすい》せずば、正覚を取らじ」

〈もし、わたしが仏になることができても、十方のあらゆる国ぐにの生きとし生ける者が、わたしの名号を聞いて、わたしの国に生まれたいとおもいをかけ、あらゆる徳の根本である名号を称える功徳を因《たね》として植えつけて、ひたすら心をこめて、自分が修する称名の善根を往生の目的にさしむけ、わたしの国に生まれたいと欲《おも》うばあい、〔ついには真実報土に生まれることを〕果《はた》し遂《と》げさせることができなければ、決してさとりをひらきますまい〉

諸善万行を修することはとても及ぶところではないと知り、一心不乱に称名念仏を自分の善根としてはげむことにより浄土に生まれたいとねがう者をも、ついにはその究極の目的を果《はた》し遂《と》げさせようとの願であります。願の成就は、

「仏智の不思議を信ぜず疑ってはいるが、悪い行為には罪が、善い行為には福が報われるという罪福の因果の道理を信じて、善の根本である称名念仏にはげみ、浄土に生まれたいとねがう人びとは、〔浄土に生まれても、五百年のあいだは仏・法・僧の三宝を見聞することができない、七宝の牢獄である〕宮殿に生まれる」（巻下）

「過去の世に善の根本を修めていなかった無宿善の人は、真実の経法を聞くことができず、〔それに反して〕、仏がさだめられた生活のおきてを清浄にたもった者は、正法を聞くことができる」（巻下）

と説かれていて、この願の対象となる者を、「不定聚の機」と名づけます。

この願は、第十九願と同様、方便の願であり、その「教」は『阿弥陀経』に顕説された「真門」、「行」は「善本・徳本」、「信」は「至心廻向欲生の心」、「果」は方便化土に生まれる「難思

往生」であります。

なお、「果遂」について、第一生で仏名を聞いて浄土に念を係《か》け、第二生で方便化土に往生し、第三生で真実報土への往生を果《はた》し遂《と》げるとみるのを「三生果遂」というのに対して、一生涯の求道の歴程において、第十九願の立場から第二十願の立場へ、そしてついに第十八願の立場へと転入する「三願転入」を「一生果遂」といいます。このことについては、次章で述べたいと思います。

(21)具足諸相の願　わたしの浄土に生まれた者には、仏が具えている三十二の顕著なすぐれた身体的特徴をそなえさせたい。

(22)還相廻向《げんそうえこう》の願（必至補処《ふしょ》の願、一生補処の願）

「設《たと》い、我、仏を得たらんに、他方仏土の諸の菩薩衆、我が国に来生して、究竟して必ず一生補処に至らん。其の本願の自在の所化《しょけ》、衆生のためのゆえに、弘誓の鎧《き》を被て、徳本を積《しゃく》累《るい》し、一切を度脱せしめ、諸仏の国に遊びて菩薩の行を修し、十方の諸仏如来を供養し、恒沙無量の衆生を開化して、無上正真の道を立せしめんをば除く。常倫に超出し、諸地の行現前し、普賢の徳を修習せん。もし、しからずば、正覚を取らじ」

〈もし、わたしが仏になることができても、つぎのことがかなえられないようなら、決してさとりをひらきますまい。それは、他の仏の国ぐにの菩薩たちがわたしの国に生まれてくれば、必ず菩薩の最高の段階である一生補処*の位に至らせたいということです。ただ、それらの菩薩たちが、〔あえて補処の位にのぼらないで〕、それぞれの菩薩の本願によって、思いのままに人びとを教化するために、その弘《ひろ》い誓願の鎧《よろい》で身をかため、あらゆる功徳のもとを積みかさね、生きとし生ける者をたすけとげ、十方の諸仏如来におつかえし、ガンジス河の砂ほどの数かぎりない人びとをめざめさせて、この上ないまことのさとりを得させようとするばあいには、このかぎりではありません。それは、このような方がたは、つねなみの菩薩たちに超えすぐれた方がたであり、あらゆる段階における菩薩の実践をまのあたりに現わして、普賢**菩薩のように大悲の徳を修め習っておられるからです〉

* 一生補処とは、菩薩としての最高の段階であり、その最後の一生を終えると必ず仏になることにさだまった、仏処を補う候補者のことをいいます。仏果を「妙覚」というのに対して、この境地は、仏のさとりに等しいので、「等覚」と名づけられます。

** 普賢菩薩は、文殊菩薩と共に、釈迦牟尼仏の脇士とされ、文殊が智慧を象徴するのに対して、普賢は慈悲を象徴します。普賢菩薩には、(1)すべての仏を敬い、(2)すべての如来をほめたたえ、(3)ひろく仏を供養し、(4)悪業を懺悔して戒をたもち、(5)あらゆる功徳をよろこび、(6)すべての仏に法を説くことを請い、(7)仏にいつまでも世にとどまって人びとをみちびかれることを請い、(8)つねに仏にしたがって学び、(9)生きとし生ける者のためにつくし、(10)これらの行から生じる福徳を人びとにさしむけて生きとし生ける者がすべて仏になれるようにしたいという、十大願があります。

浄土真宗には、往相と還相の二種の廻向がありますが、浄土に生まれて「利他円満の妙位、無上涅槃の極果」を証し、迷界に還って利他教化のはたらきをあらわす還相廻向を誓ったのが、第

二十二願であります。この願文は、一般には、

「其の本願の自在の所化、……普賢の徳を修習せんを除く」

と訓読されるところですが、親鸞聖人は、

「其の本願の自在の所化、……無上正真の道を立せしめんをば除く。常倫に超出し諸地の行現前し、普賢の徳を修習せん」

と読まれました。つまり、一般には、浄土に来生した菩薩は必ず一生補処に至るが、例外として、それらの菩薩の個別な本願によっては、人びとを救うためにさまざまな菩薩の階位にとどまることができる、と解されているのに対して、聖人は、浄土におけるすべての菩薩は最高位の一生補処の菩薩であるが、このような常倫に超出した菩薩とは、とりもなおさず真実の証果をさとった仏のはたらくすがたであり、阿弥陀如来が「如」から来生して、報・応・化など種種の仏身をあらわして衆生を教化あそばされるはたらきにほかならない、と味わわれたのであります。

(23)供養《くよう》諸仏の願　わたしの浄土の菩薩が諸仏を供養するにあたり、食事をするほどの短時間に数かぎりない諸仏の国にゆかせたい。

(24)供具如意の願　わたしの浄土の菩薩が諸仏を供養するにあたり、供養の具をのぞみのままにさせたい。

(25)説一切智の願　わたしの浄土の菩薩には、すべてのことを知りつくす智慧を説かせたい。

(26)那羅延身の願　わたしの浄土の菩薩には、ナーラーヤナ神のようなすぐれた体力をもつ身

を得させたい。

(27)所須厳浄《ごんじょう》の願　わたしの浄土の住民が用いるすべてのものは、この上なく浄《きよ》らかでうるわしく、数量をはかれないほどにさせたい。

(28)見道場樹の願　浄土の菩薩には、たといその菩薩が功徳の少ない者であろうとも、七宝にかがやき高さ四百万里にも及ぶ阿弥陀仏の道場樹（菩提樹）を見せてやりたい。——親鸞聖人は、この願を方便化土のすがた、「懈慢浄土」であるとしています。

(29)得弁才智の願　わたしの浄土の菩薩には、経法を読誦して理解し、人びとにたくみに説く智慧を得させたい。

(30)智弁無窮《むぐう》の願　わたしの浄土の菩薩には、その理解力と表現力を無限であらせたい。

(31)国土清浄の願　国土がきよらかで、明鏡のようにあらゆる諸仏の国ぐにを映しださせたい。

(32)宝香合成《ごうじょう》の願　地上から天空まで、宮殿・楼閣・池水・河流・樹木・妙花のことごとくが、宝と香とでできていて、そのうるわしさはすぐれ、かおりはかぐわしく、その芳香をかいだ菩薩たちはみな仏道にはげむようにさせたい。

(33)触光柔軟《そっこうにゅうなん》の願　あらゆる諸仏の世界の生きとし生ける者が、わたしの光明に触れると、身心ともに柔軟になるようにさせたい。——親鸞聖人は、この願を「摂取不捨の願」としています。

(34)聞名得忍《もんみょう》の願　あらゆる諸仏の世界の生きとし生ける者が、わたしの名を聞くと、真理にかなった安らかなおちつきの境地を得られるようにさせたい。

(35)女人成仏の願　あらゆる諸仏の世界の女性が、わたしの名を聞いてよろこび信じ、さとりを求める心をおこして、女性の身を厭うならば、死後、二度と女性のすがたにはさせない。(この願については次章一二三頁以下参照)

(36)聞名梵行の願　あらゆる諸仏の世界の菩薩たちが、わたしの名を聞くと、その〔世界における〕菩薩の寿命が終ってから、つねに浄らかな行を修めて仏道を完成するようにさせたい。

(37)人天致敬《ちきょう》の願　あらゆる諸仏の世界の住民が、わたしの名を聞いて、礼拝し、よろこび信じ、菩薩の行にいそしむならば、それらの住民を神がみや人びとが尊敬するようにさせたい。

(38)衣服随念の願　浄土の住民には衣服をおもいのままに自然に着用できるようにし、裁縫や洗濯などをしなくてもよいようにさせたい。

(39)受楽無染の願　わたしの浄土の住民が受ける楽しみをば、煩悩のけがれを断じつくした出家の聖者と同様にさせたい。

(40)見諸仏土の願　わたしの浄土の菩薩が、あらゆる諸仏の国ぐにを拝見したいとおもうならば、明鏡で自分のすがたをみるように宝樹の中にそのありさまを映しだしてやりたい。

(41)聞名具根の願　他方の国の菩薩たちが、わたしの名を聞くならば、その菩薩が仏のさとりをひらくまでは身体に障害がないようにさせたい。

(42)聞名得定《とくじょう》の願　他方の国の菩薩たちが、わたしの名を聞くならば、あらゆる束縛から解放された清浄《しょうじょう》解脱《げだつ》三昧《ざんまい》を得させ、その境地に住して無量の諸仏を供養し、一瞬でも心を乱さぬようにさせたい。

(43)聞名生貴の願　他方の国の菩薩たちが、わたしの名を聞くならば、その菩薩の寿命が終ってから、尊貴の家に生まれるようにさせてやりたい。

(44)聞名具徳の願　他方の国の菩薩たちが、わたしの名を聞くならば、よろこびいさんで菩薩の行にいそしみ、あらゆる徳の根本となる因がまどかに具わるようにさせたい。

(45)聞名見仏の願　他方の国の菩薩たちが、わたしの名を聞くならば、あまねく諸仏を一時に平等に観ずることができる普等三昧《ふとうさんまい》の境地を身につけて、仏のさとりをひらくまで、つねに無量の諸仏を拝見できるようにさせたい。

(46)随意聞法の願　わたしの浄土の菩薩には、ねがいのままに聞きたいとおもう法をおのずと聞くことができるようにさせたい。

(47)聞名不退の願　他方の国の菩薩たちが、わたしの名を聞くならば、即時に不退転の位に至らせたい。

(48)得三法忍の願　他方の国の菩薩たちが、わたしの名を聞くならば、仏の説法を聞いて道理をさとる音響忍《おんごうにん》、真理にすなおに順う柔順忍《にゅうじゅんにん》、相を離れて不生不滅の真理にかなう無生法忍《むしょうぼうにん》の三法忍の境地に安住することができ、即時に不退転の位を得るようにさせたい。

以上、四十八願を説きおえられた法蔵菩薩は、重ねて頌《じゅ》を述べて、その決意のほどを披攊されました。いわゆる「重誓偈」あるいは「三誓偈」と呼ばれる偈頌がこれであります。

わたしは世に超えすぐれた願を建て
必ずこの上ない道《さとり》に至りたい
このねがいが満足されないかぎり
誓って正覚《さとり》を成《な》しとげるまい
わたしは無量の長い劫《とき》をかけて
大いなる施主となり
あまねく諸の貧苦を済《すく》いえぬかぎり
誓って正覚を成しとげるまい
わたしが仏道を成就するに至るとき
わが名を十方に超えて宇宙のはてまでもとどろかせ
その声が聞こえぬ隈《くま》が些《いささ》かでもあるかぎり
誓って正覚を成しとげるまい
欲を離れ深く正しい念《おもい》に心をおちつけ
浄《きよ》らかな智慧により聖なる行を修め
この上ない道《さとり》を志し求めて
神がみや人びとの指導者となろう

不思議な威神力《おおみちから》を得て大光明を演《の》べはなち
あまねく国土の隅ずみまで際《はて》なく照して
貪《むさぼ》りと瞋《いか》りと癡《おろか》さとの三垢《く》を消し除き
すべての厄難《わざわい》から人びとを広く済《すく》おう
彼のさとりの智慧の眼《まなこ》を開いては
此のくらき昏盲《こんもう》の闇《やみ》をうち滅ぼし
地獄餓鬼畜生の悪趣への道を閉《と》じ塞《ふさ》ぎ
善趣への門にいたりつかせよう
法王の位に即《つ》いて功《いさお》は満《み》ち足《た》り
威神《みいつ》は十方にかがやいて
日月はかがやきをうしない
諸天の光もかげをかくそう
あまねく人びとのために法《のり》の蔵《くら》を開き
広く功徳の宝をほどこして
つねに大衆の中で
獅子が吼えるように法を説こう
一切の諸仏につかえまつり

あらゆる徳の本《もと》をそなえて
願いも智慧もすべてを満たしおわり
三界の迷いをやぶる雄者《おさ》となろう
世自在王仏の碍《さわ》りない智慧が
照しつくして隈《くま》がないように
ねがわくばわが功徳と智慧のはたらきも
最勝尊と仰がれる師仏と等しくありたい
もしこの願がはたしとげられれば
大千世界は感応してうちふるい
虚空《おおぞら》にいます天人も
珍らしい妙なる華をあめふらそう

法蔵菩薩がこの頌をうたい終わると、それに応《こた》えるかのように、大地は震動し、虚空《こくう》からは妙なる花がふりそそぎ、あたり一面に散りしきました。奏者もいないのにおのずと音楽が流れ、空中からは、

「そなたは、必ずやこの上ないさとりをひらくであろう」

と、菩薩の雄志をたたえる声がひびきわたったのでございます。

七　菩薩の修行

世自在王仏のみもとで、大衆を前にして、四十八の大願を誓いおわった法蔵比丘は、願いどおりに浄土を建立すべく、その実現を目ざして、ひたすら修行に専念されました。

法蔵比丘が荘厳《しょうごん》しようとする浄土は、ひろびろとしてはてしなく、他に超えすぐれてたぐいがない、永遠に衰えず変らない世界でありましたが、このようなうるわしい国土を完成するために比丘は不可思議兆載永劫《ちょうさいようごう》という長大な歳月をかけて、ありとあらゆる菩薩行を修め、徳を積まれたのであります。

その行とは、欲をむさぼる心、瞋《いか》りはらだつ心、他を害しそこなう心を生ぜず、また、そのような想《おもい》さえ起さず、物と心に対する執著をはなれ、堪え忍ぶ力を身につけて、どんな苦しみをものともせず、欲は少く足《た》るを知って、むさぼりやいかりやおろかさの心がなく、精神を統一してつねに心しずかな三昧《さんまい》の境地におちつき、智慧はまどかでこだわりがなく、うそ、いつわり、へつらい、真実をまげる心がなく、顔色をやわらげてことばやさしく、相手の気持を汲んでもとめにさきだってこたえ、勇ましくたけだけしくつとめはげんで倦むことがなく、もっぱらきよらかな善法をもとめて、生きとし生ける者にめぐみをあたえ、仏・法・僧の三宝を敬い、師長につかえ、福徳と智慧とによってかざられたあらゆる実践をそなえ、それを人びとに施して功徳を成しとげさせようとすることであります。

さらにいえば、あらゆる存在は空であって実体がなく、現象は仮りのすがたであると知って相《そう》にとらわれず、願い求めるといっても、それは執《と》われを離れているから実は無願であるとさとり、作《な》すとか起《おこ》すとかのはからいがなく、すべては仮象であってまぼろしのようであると見ぬいて、自分や相手やその双方をそこなうようなあらい言葉を避け、自他を益するよい言葉をつかい、国も王位も捨て、財欲や性欲をはなれ、みずから布施・持戒・忍辱《にんにく》・精進・禅定・智慧の六波羅蜜《はらみつ》の行（さとりの彼岸に到る行）にはげむと共に、人びとにもその行を修めさせたのでした。

法蔵比丘は、このようにして、無央数劫《むおうしゅ》の長きにわたり功を積み徳をかさねられましたから、どんなところに生まれても、その生まれた処《ところ》にしたがって意のままに生活することができ、量《はか》りきれない宝の蔵がおのずとわきだすかのようでした。こうして、数えきれない人びとを教えみちびき、この上ないさとりの道に安んじさせることができたのです。あるときは富豪や居士や貴族や高官となり、あるときは士族や王者や転輪聖帝となり、またあるときは六欲天主や梵天王となって、いつも飲食・衣服・寝具・湯薬をささげて一切の諸仏を供養し、まめまめしく敬いつかえたのでした。法蔵比丘が積まれたこれらの功徳は、どんなにほめたたえても讃嘆しつくせないのです。比丘のお口のにおいは青蓮華《しょうれんげ》のようにかぐわしく、おん身の毛孔からは、栴檀《せんだん》のかおりをはなち、その香は無量の世界にあまねくただよい、かおばせやすがたはうるわしく、三十二相・八十種好のすぐれた特徴をそなえておられ、つねに手からは無尽の宝をお出しになり、衣服、飲食物、妙なる花や香、繒蓋《きぬがさ》、幢幡《はたほこ》、荘厳具などは、すべて神がみの用いるものに超えすぐれ、何につけても自由自在でありました。

八　親鸞聖人の本願観

『大無量寿経』には、法蔵菩薩の発願と修行について、あらまし以上のように説かれています。ところで、四十八願をみますと、その中には、衣服や食物や居住環境、あるいは生活の資具などを意のままにさせたいとか、皮膚の色をすべて金色にし、容貌に美醜がないようにさせたいなど、いわば人間の日常的な願望の投影ともみられるような願がいくつか数えられます。このことを、どのように理解すればよいのでしょうか。

それにつけて思いおこされるのは、曇鸞大師や道綽禅師の説であります。曇鸞の『往生論註』には、

「もし人が、この上ないさとりをもとめる心をおこさずに、ただ彼の国に生まれると楽しみに絶え間《ま》がないと聞いて、快楽を得ることを目的として、そのために浄土に生まれたいと願うならば、その人が往生することのできよう筈はない」

といい、また、道綽の『安楽集』には、

「問うていう。あるいは人が申すのに、『浄土にはただ楽しいことだけがあるので、多くの者は喜んで楽しみにふけり、それが仏道修行のさまたげとなるから、往生をねがうべきではない』と。答えていう。すでに浄土といわれているように、そこにはあらゆる穢《けが》れは全くない。もし、楽しみにとらわれるというなら、それはむさぼり愛著する煩悩《ぼんのう》にほかならぬ。どうして浄と名づけることができようか。だから、『大経』には、『彼の国の人びとや神がみは、

往くも来るも進むも止まるも〔すべては自由自在であり〕、情《こころ》につなぎとめられることがない』と説かれており、また、四十八願には、『十方の国ぐにの人びとや神がみが、わが国に来り至って、もし想念をおこして、自身にとらわれはからうことがあれば、さとりをひらくまい』と誓われている。また、同じく『大経』には、『彼の国の人びとや神がみには、親疎の差別がない』と説かれているのである。どうして、楽しみに執著するという理《ことわり》があろうか。あろう筈はない」

といわれています。

たしかに、私たちの日常的な願望は、煩悩にもとづくものであります。そして、私たちは、日常生活において、欲望のままに飽くなき快楽を追い求めようとしています。だが、このような貪愛の心こそ、苦しみの原因にほかならないのが事実です。この事実に直面するとき、私たちは必死にその根本的な解決を求めます。ブッダは、四聖諦の法において、「すべては苦である」と説き、「苦の原因が煩悩の集にある」ことを示して、涅槃の寂静《しずけさ》と、それに至る八正道を教えられたのでした。つまり、人間の根源的な苦悩に直面し、その事実を直視せざるを得ないときには、人はひたむきに苦悩からの解放を求めて、善という善、行という行につとめはげもうと志ざさずにはおれぬでしょう。聖道門は、世を厭《いと》い離れることを本とする教であるといわれますが、脚下を照顧し、菩提心を発して、諸善万行につとめるのがこの道であります。しかしながら、善といい、行と申しましても、それが私の心、私の行為にもとづくかぎり、不浄であり、不実であることをまぬがれません。それは、私自身が煩悩のかたまりであるからです。悪に穢れ、煩悩に汚れて、清浄の心などちりばかりもなく、うそいつわりにみちみちて真実の心など一《ひと》かけらもないのがこの私たちであります。すでに述べたことではありますが、「如」から来生された「如来」は、みずからの内に「一切苦悩の群生海」を見いだされ、これを悲憫《ひみん》して、本願を発《おこ》しそれを成就されたのでありました。つまり、四十八願の一一は、いずれも、煩悩のちりばかりもまじらぬ如来の清浄願心、大悲心から発されたものであるといわなければなりません。如来は、その清浄願心にもとづいて浄土を建立し、凡夫をしてそれを欣《ねが》い求めさせる、欣求《ごんぐ》を本とする浄土門をあらわされたのであります。しかしながら、如来の清浄願心は、罪悪深重の凡夫のためにかけられたお心でありますから、その意味からすると、本願は私たちの煩悩に即して誓われたともいえましょう。いわば、人間の日常的な願望に応《こた》えるという面をもっているのではないでしょうか。それが最初に挙げた例であります。

もとよりこのことは、人間の日常的な願望に応えてそれを直接に満たそうというようなことではなく、まして、本願が人間的願望の投影であるというような意味では全くありません。四十八願の一一は、人間の日常的な願望に即しつつ、しかもそれを転じて、(絶対否定して)、真実の宗教的世界を開顕したもう大悲心のあらわれにほかならないのです。私たちは、人間的願望に即しつつ、それを転じさせる巧みなてだてにもとづく、如来の清浄願心によって建立された浄土を仰ぐことにおいて、私たち の煩悩が照破され、「地獄は一定《いちじょう》すみか」であることを、いよいよ信知せしめられるのであります。そして、如来から廻向された願生心においてのみ、「地獄は一定」であるこの私が、救われるというよりほかはありません。

四十八願の一一に誓われるところは、申すまでもなく、如来の清浄真実を浄土の荘厳《しょうごん》にあらわして、私たちをして往生を願わせることにあります。そして、その眼目は、第十八願にあり、その意義は、七高僧の相承《そうじょう》において「念仏往生の願」として明らかにされてきたのでありました。ことに、さきに述べたように、善導大師は、本願の「乃至十念」に着目され、上は一生涯から、下は十声一声に至るまでの称名念仏によって、十方の衆生が救われるとし、法然上人は、これをうけて、「選択本願念仏」の専修の道を説かれたのであります。

親鸞聖人は、この伝統を、「よき人（法然上人）のおおせをこうむって信ずるよりほかに別の子細はない」（『歎異抄』）として継承されたのでしたが、しかも、本願の「至心・信楽・欲生」に本願の本質を見いだされたことは、すでに述べたとおりであります。そして、こうした本願についての領解は、曇鸞大師の『往生論註』にもとづくところが大であります。「正信偈」には、

〔本師曇鸞は〕天親菩薩の論を註解《ちゅうげ》して、
報土の因果、誓願に顕《あら》わす。
往還《おうげん》の廻向《えこう》は他力に由《よ》る
正定之《しょうじょうの》因《いん》は唯《ただ》信心なり。

とうたわれています。

この、「他力」ということですが、曇鸞大師は、天親菩薩の『浄土論』に礼拝・讃歎・作願《さがん》・観察《かんざつ》・廻向の五念門を往生の行とすると説かれている意味をたずね、『論』に、

「菩薩が、このように五念門の行を修して、自利利他して、すみやかに阿耨多羅三藐三菩提《あのくたらさんみゃくさんぼだい》（無上正等覚。この上ない正しく平等なさとり）を成しとげることができるからである」

と説かれているのは、

「まことにその本をあきらかにすると、阿弥陀如来を増上縁《ぞうじょうえん》（果に対してはたらく強い力）とする」

からであり（覈求其本《かくぐごほん》）、その証拠は、第十八・第十一・第二十二の三願に的確に示されているといわれました（三願的証《てきしょう》）。すなわち、

(1)第十八願に誓われているように、仏の本願力に縁《よ》るから、十念の念仏で浄土に往生することができ、浄土に往生できるから、三界（欲界・色界・無色界。迷いの世界の総称）に輪廻《りんね》することをまぬがれ、二度とさすらうことがないから、すみやかに阿耨多羅三藐三菩提（この上ない仏のさとり）を成就することができる。

(2)第十一願に誓われているように、仏の本願力に縁《よ》るから、正定聚に住することができ、正定聚に住するから、必ず滅度（涅槃。究極のさとりの境地）に至ることがさだまり、はてしなく迷いの世界にさまよいめぐり、出ることができない廻伏《えぶく》の難がないので、すみやかに阿耨多羅三藐三菩提を成就することができる。

(3)第二十二願に誓われているように、仏の本願力に縁《よ》るから、つねなみの菩薩たちに超えすぐれ、菩薩のあらゆる修行段階における行が、ことごとくまのあたりに現われて、普賢菩薩のように慈悲を修め習うので、すみやかに阿耨多羅三藐三菩提を成就することができる。

というのです。

また、「往還の廻向」について、曇鸞大師は、

「廻向には二種の相《すがた》がある。一には往相《おうそう》、二には還相《げんそう》である。往相とは、おのれの功徳をもって一切衆生に廻《めぐ》らし施《ほどこ》し、願いをおこして、共に彼の阿弥陀如来の安楽浄土に往生させようということである。還相とは、彼の浄土に生まれおわって*奢摩他《しゃまた》・毘婆舎那《びばしゃな》・方便力《ほうべんりき》を成しとげることができ、生死の稠林《ちゅうりん》（密林）に廻《めぐ》り入って、一切衆生を教化して、共に仏道に向わせることである。もしくは往、もしくは還といっても、それはすべて、衆生の苦しみを抜いて生死の迷いの海をわたらせたいがためである。だから、〔『論』には〕『廻向を首として、大悲心を成就することを得たまえるが故に』といわれている」

＊　奢摩他は「止」。想念や思慮をやめ、精神を集中すること。毘婆舎那は「観」。智慧により対象を明細に観察すること。方便力は、たくみなてだてのはたらきのこと。

と述べられています。親鸞聖人は、この『論註』の指南により、「他力廻向」の教義を樹立し、五念門の行は法蔵菩薩の修行であると領解されたのであります（『入出二門偈頌』）。すなわち、聖人は、私たちが浄土に生まれて利他円満の妙位、無上涅槃の極果をさとる往相も、仏となり、利

他教化地の益《やく》をあらわす還相も、すべては本願力（他力）の廻向によるものであるとし、第十八願に誓われた念仏往生をつぎのように開示されたのでした。すなわち、『教行証文類』に、

「謹んで浄土真宗を考えますと、二種の廻向があります。一には往相、二には還相であります。往相の廻向について、真実の教・行・信・証があります」（「教文類」）

と述べ、各巻の標挙には、

（往相廻向）

教	大無量寿経	真実之教 浄土真宗			
行	諸仏称名之願	浄土真実之行 選択本願之行	（第十七願）	因	往
信	至心信楽之願	正定聚之機	（第十八願）	因	往
証	必至滅度之願	難思議往生	（第十一願）	果	往

（還相廻向）

〔還相廻向之願〕		（第廿二願）	還
真仏土			
	光明無量之願	（第十二願）	
	寿命無量之願	（第十三願）	

とかかげ、「往相廻向」について、

「それ、真宗の教・行・信・証を考えてみますと、すべては如来の大悲から廻向された利益

であります。ですから、もしくは因といい、もしくは果といっても、一事として阿弥陀如来の清浄願心からおあたえ下され、成しとげられたところでないものはございません。因が浄《きよ》らかですから、果も浄らかであります。よくよく知るがよい」（『証文類』）

といわれました。そして、この真実の証果は、そのまま第二十二願に誓われているように、菩薩の第八地以上の境地である「利他教化地の益」として、「還相廻向」のはたらきをあらわすのであり、

「ですから、もしくは往、もしくは還といっても、一事として如来の清浄願心の廻向成就したまえるところでないものはございません。よくよく知るがよい」（『浄土文類聚鈔』）

といわれるのであります。

「真実の証」において見られる如来と浄土、それはまた、往相・還相の二種の廻向の根源にほかなりません。聖人は、この真仏・真土を、第十二・十三願の「大悲の誓願」にむくわれた光明無量・寿命無量の報仏・報土であるとさだめられたのでありました。

つまり、親鸞聖人は、すべてを如来の清浄願心から廻向成就されたものとし、二廻向四願、あるいは五願六法として、本願の真実を開顕されたのであります。しかも、清浄願心とは、如来の救済の意志であり、それは第十八願に「至心・信楽・欲生」と誓われた如来の三心に具現され、それはそのまま、三心即一心として、衆生の「疑蓋無雑」の信心となると領解されたのでありました。本願の根本を、如来の三心に見いだされたのは、聖人の炯眼であります。

しかし、私たちは、この如来の清浄・真実のお心を知らず、自己にほこり、自力をたのむ心か

らぬけきれません。それで、如来は、このような私たちを悲しみあわれんで、「弘願《ぐがん》」の真実にみちびくために、「要門」・「真門」の方便を説かれたのであります。第十九願・第二十願がこれであり、

要門（『無量寿仏観経』の意）
　至心発願之願　邪定聚機 双樹林下往生
　願　臨終現前の願
　行　修諸功徳の善
　信　至心発願欲生の心
真門（『阿弥陀経』の意）
　至心廻向之願　不定聚機 難思往生
　願　植諸徳本の願
　行　善本・徳本
　信　至心廻向欲生の心

と示されています。この方便の願については、すでに述べましたが、親鸞聖人は、ご自身の体験にひきあてて、方便の願の意味するところを、如来の巧《たく》みなてだてとよろこばれたのでした。いわゆる「三願転入」であります。

「愚かな非僧非俗の仏弟子親鸞は、天親菩薩や曇鸞大師のお示しを仰ぎ、善導大師らの祖師

がたのおすすめによって、久しくとどまっていた自力の万行諸善により浄土に往生しようとする仮りの教である第十九願の要門からぬけだし、永く＊双樹林下往生を離れて、あらゆる善の本《もと》・徳の本《もと》である名号を、自分の善根功徳として称えることにより浄土に往生しようとする第二十願の真門に廻《めぐ》り入り、ひとえに＊＊難思往生の心をおこしました。しかしながら、今、特《こと》に、方便の真門を出て、如来が選びとられた第十八願の広大な本願の海に転入させていただきました。すみやかに自力のはからいで念仏して往生しようとする難思往生の心を離れて、本願他力による＊＊＊難思議往生をとげたいと欲《おも》います。第二十願に誓われた『果《はた》し遂《と》げなければ決してさとりをひらくまい』との果遂《かすい》の誓は、まことによくよくの理由があり、かたじけないことでございます」（『化身土文類』本）

と語られているところです。

＊　双樹林下往生とは、第十九願の邪定聚の機が方便化土に往生するのに名づけたもの。釈尊（即ち弥陀の応化身）が娑羅双樹のもとで入滅されたのにちなんで称する。「難思議往生・双樹林下往生・難思往生」の語は、善導の『法事讃』にもとづき、これを巧みに術語として用いたものです。

＊＊　難思往生とは、第二十願の不定聚の機が方便化土に往生するのに名づけたもの。念仏の徳は凡慮の及ばぬところであるから難思であるが、自力の立場にとどまるので「議」の字をはぶくのです。

＊＊＊　難思議往生とは、第十八願の正定聚の機が真実報土に往生するのに名づけたもの。凡夫のはからいを絶し、こころもことばも及ばぬので難思議といいます。

以上、親鸞聖人の本願観を瞥見しましたが、聖人は法然上人が「本願の中の王」とせられた第十八願の本質が如来の「清浄願心」にあることを見ぬき、五願を開いて真実を顕わすと共に、真実に至る過程を、方便の願、如来のたくみなてだてとして位置づけて、第十九願については、

　諸善万行コトゴトク　至心発願セルユヘニ
　往生浄土ノ方便ノ　善トナラヌハナカリケリ（『大経意』十三）

第二十願については、

　定散自力ノ称名ハ　果遂ノチカヒニ帰シテコソ
　ヲシヘザレドモ自然ニ　真如ノ門ニ転入スル（十六）

と、仏の善巧を味われたのでした。そして、第十八願については、

　至心信楽欲生ト　十方＊ノ諸有ヲススメテゾ
　不思議ノ誓願アラハシテ　真実報土ノ因トスル（八）
　真実信心ウルヒトハ　スナハチ定聚ノカズニイル
　不退ノクラキニ住＊＊スレバ　カナラズ滅度ニイタラシム（九）

　＊　国宝本による。文明本では「十方」。　＊＊　文明本では「イリヌレバ」。

とその要を示し、真実信心の因により必至滅度の果をうることをあきらかにされたのであります。

　ところで、第十八願の和讃につづいて、

　諸仏＊ノ大悲フカケレバ　仏智ノ不思議ヲアラワシテ

変成男子ノ願ヲタテ　女人成仏チカヒタリ（十）

＊ 国宝本には「弥陀を諸仏と申す。『過度人道経』（大経の異訳）の意なり」（漢字に改めた）との左訓があります。文明本では「弥陀」。

と、第三十五願がうたわれていることに注目しなければなりません。

女性について、古代インドでは、梵天王・帝釈・魔王・転輪聖王・仏の五種の者にはなれないという五障があるといい、日本でも、幼いときは親に、嫁しては夫に、老いては子に従わねばならぬという三従《しょう》があり、仏法の器ではないとされてきました。しかし、親鸞聖人は、

「大信心の海には、貴賤緇素《しそ》（出家と在家）をえらばず、男女老少をいわず、造罪の多少を問わず、修行の久近を論じない。」（「信文類」、傍点筆者）

と喝破され、第三十五願を「女人成仏の願」と名づけられたのでした。このことは、『経』には第三十五願を別に設けて「転女成男」を誓っていますが、聖人は、これを男女の差別による特別な願であるとみるのではなくて、第十八願の内容の一つにほかならぬと考えられたからでありましょう。

九　如来と浄土

『大無量寿経』には、法蔵菩薩の発願修行が説かれたあと、つづいて如来と浄土の果が説かれます。

「法蔵菩薩は、すでに過去に仏と成り、入滅されてしまったのでしょうか。それとも、まだ修行中で、仏に成っておられないのでしょうか。あるいは、現に仏として在《おわ》しますのでしょうか」

阿難がおたずね申し上げると、釈尊が仰せられるには、

「法蔵菩薩は、すでに仏のさとりを完成されて、現に、この世界の西のかた、十万億の国土を過ぎたかなたの、『安楽』と名づける世界に在《おわ》します。

すでに正覚を成就されてから、十劫という長い歳月を経ておられる。その国土は、金・銀などの七宝でかたちづくられ、広さははてしがない。それらの宝は、まじりあい映《は》えあって輝き、宝でかざられた国土がうるわしくきよらかなことは、十方のあらゆる世界に超えすぐれている。それらの宝は、あらゆる宝の中でも最もすぐれたものであり、あたかも第六天のそれのようである。また、その国には、須弥山《しゅみせん》（世界の中心にあるといわれる高山）やそれをとりまく山やまは全くなく、大海や小海、渓谷や小川もない。しかし、山や川を見たいと思えば、仏の不思議な力によってすぐに現われる。地獄・餓鬼・畜生などの苦しみの境遇はなく、また、四季の別もなくて、暑からず寒からず、気候は好適である。

この国の住民は、それぞれの行業に応じた果報としての境遇に住しているが、如来の功徳と善力によるから、因となる行業も不可思議であり、それによって受ける果報もまた不可思議であるといわなければならない。このことは、この国のみならず、諸仏の国ぐににおいても同様でかわるところはない」

釈尊は、無量寿仏（阿弥陀仏）とその浄土のありさまについて略説されたのち、つぎのように仰せられました。

「仏の名を無量寿仏と申し上げるが、この仏の威神《みいつ》のひかりは、最もすぐれて尊く、何にもまして第一であり、諸仏の光明の及ぶところではない。……それで、無量寿仏を無量光仏・無辺光仏・無碍《むげ》光仏・無対光仏・炎王光仏・清浄光仏・歓喜光仏・智慧光仏・不断光仏・難思光仏・無称光仏・超日月光仏とも号するのである。

もし、人びとがこの仏の光明に遇うと、むさぼり・いかり・おろかさの三垢《く》が消えさり、身心ともにやすらぎ、おどりあがるようなよろこびにあふれ、善心がおのずと生ずる。また、地獄・餓鬼・畜生の境遇にある者が、この光明を見たてまつると、安息を得て、苦悩がおさまる。そして、その境遇における寿命が尽きると、煩悩から解放され、迷界から脱《のが》れることができる。

無量寿仏の光明は、あかあかと輝き、十方諸仏の国土を照らして、そのすぐれたほまれが聞えぬところとてない。わたし（釈尊）だけがそれを称《たた》えるのでなく、すべての諸仏・声聞・縁覚・菩薩がたが、ことごとく嘆《たた》え誉《ほ》めたもうのである。もし、人びとが、この光明のすぐれたはたらきの功徳を聞いて、日夜にほめたたえ、ひたすら心をこめてそれをつづけるならば、願いのままに浄土に生まれることができ、浄土に生まれては、もろもろの聖者たちに、その功徳をほめたたえられよう。そして、その人びとが仏のさとりを得たときには、あまねく十方の諸仏・菩薩にその光明をほめられることは、あたかも、今、わたしが無量寿仏の光明を讃嘆するのと同じであろう。

まことに、無量寿仏の光明のすぐれて尊いことは、わたしが一劫の長きにわたり、昼はひねもす夜はよもすがら、説きつづけてもなお尽すことができないほどである」

光明無量の願（第十二願）の成就をたたえたあと、寿命無量の願（第十三願）の成就について、

「無量寿仏の寿命は、長く久《ひさし》くて、数えつくすことはできない。たとい、十方世界の無量の生きとし生ける者が、みな人間界に生まれて人の身をうけ、そのことごとくが声聞や縁覚の境地に達し、それらの聖者がすべて一処に集まって、思いをしずめ、心を一にし、智力をかたむけつくして、百千万劫の長時をかけてかぞえても、とても尽せないほどである」と、説かれました。

無量寿仏（阿弥陀仏）は、五劫思惟の発願と兆載永劫の修行のすえ、今から十劫の古《いにしえ》に仏果を成就されたのであります。この、因願に酬報して仏と成られた仏身を、報身と名づけ、方便法身というのであります。すなわち、報身は、因位の菩薩が発願修行して、その果報として仏と成られたすがたにおいては、従因向果の仏身であります。しかしながら、その仏は、実は「如」たる法身仏が、「如」から来生して、衆生の救済のためにかたちをあらわし、本願を成就あそばされた従果降因の仏にほかなりません。この関係は、法性法身と方便法身、また、久遠実成《くおんじつじょう》と十劫正覚として、すでに述べたところであります。（四八頁、七八頁以下参照）

ところで、親鸞聖人は、報身である阿弥陀仏について真仏と化身とを立て、浄土についても真実報土と方便化土をわけられました。そして、真仏を「不可思議光如来」（『如来会』による）、真

土を「無量光明土」（『平等覚経』による）と名づけ、また、真仏を「無辺光仏・無碍光仏」（『大経』）、「諸仏の中の王、光明の中の極尊」（『大阿弥陀経』）、「帰命尽十方無碍光如来」（『浄土論』）とし、真土を「諸智土」（『如来会』による。現行の同経では「諸智士」）、「究竟如虚空　広大無辺際」（『浄土論』）とされました。真の仏は光明であり、智慧であると、その特性をあきらかにして、私たちが凡情によって如来と浄土を対象化することをいましめられたのであります。このことについて、『一念多念文意』には、

「この如来は光明である。光明は智慧である。智慧はひかりの形である。智慧はまた、形がないから、不可思議光仏と申し上げる。この如来は、十方微塵世界にみちみちたまえるから、無辺光仏と申し上げる。ですから、世親菩薩は、尽十方無碍光如来と名づけたてまつられたのである」

また、『唯信鈔文意』には、

「この如来を報身と申し上げる。……この報身から応化等の無量無数の身をあらわして、微塵世界に無碍の智慧光をはなたせたもうから、尽十方無碍光仏と申し上げる光であり、形もましまさず、色もましまさず、無明の闇をはらい、悪業にさえられないので、だから、無碍光というのである。無碍とは、さわりがないと申すことである。だから、阿弥陀仏は光明である。光明は智慧の形である、と知るべきである」

と述べられています。

申すまでもなく、阿弥陀仏には、光明無量と寿命無量の徳がありますが、聖人は、とくに、光明と名号で摂化されることを重視されたようであります。そして、「大経意」には、

無碍光仏ノヒカリニハ　清浄歓喜智慧光
ソノ徳不可思議ニシテ　十方諸有ヲ利益セリ（七）

といい、「現世利益和讃」には、

無碍光仏ノヒカリニハ　無数ノ阿弥陀マシマシテ
＊化仏オノオノ無数ノ　光明無量無辺ナリ（十二）

＊国宝本による。文明版や顕智書写本では第十四首とし、「化仏オノオノコトゴトク　真実信心ヲマモルナリ」とあります。

とあり、如来の徳を「無碍光」におさめておられます。いま引用した「大経意」の和讃には、「無碍光仏」の左訓に、「さわることなきひかりの如来なり、悪業煩悩にさえられぬによりて無碍と申すなり」とあり、また、「清浄歓喜智慧光」に、「貪欲の煩悩をたすけ、貪欲の罪をけさん料にして、清浄・歓喜と名づく、瞋恚の煩悩をたすけん料に歓喜と名づくなり、愚癡の煩悩をたすけん料に智慧と名づく」とありますことも、聖人の、光明についてのお考えを示すものとして、注目すべきでありましょう。

なお、「十二光」についてふれておきますと、聖人は「行文類」に、曇鸞の『讃阿弥陀仏偈』と憬興の『述文讃』の十二光の解釈を引用し、「正信偈」には「普放無量無辺光　無碍無対光炎

王　清浄歓喜智慧光　不断難思無称光　超日月光照塵刹　一切群生蒙光照」とたたえ、「讃阿弥陀仏偈和讃」を作って、

弥陀成仏ノコノカタハ　イマニ十劫ヲヘタマヘリ
法身ノ光輪キワモナク　世ノ盲冥ヲテラスナリ（一）

と弥陀の総徳を述べたあと、第二首から第十三首までに十二光の一一の徳を順次にほめておられます。また、聖人は『弥陀如来名号徳』を著わして、十二光を解釈されていますが、その結論として、

「阿弥陀仏は智慧のひかりでおわしますのである。このひかりを無碍光仏と申し上げる。無碍光と申す理由は、十方一切の生きとし生ける者の悪業・煩悩の心にさまたげられず、へだてられないから、無碍と申すのである。弥陀の光が私たちの思いはかることができぬ不可思議であらせられることをあらわし知らせようとして、帰命尽十方無碍光如来と申し上げるのである。無碍光仏をつねに心にかけ、となえたてまつると、十方一切の諸仏の徳を〔弥陀が〕一身に具えておられることにより、弥陀〔の名〕を称《とな》えているとその功徳や善根がきわまりないから、竜樹菩薩は『我説彼尊功徳事　衆善無辺如海水』（私がかの阿弥陀仏の功徳のことを説くのに、すべての善がほとりないことは海水のようである。『十二礼』の句）と教えられたのである。そうであるから、不可思議光仏と申すとみえている。不可思議光仏であらせられるから、尽十方無碍光仏と申すと、世親菩薩は『往生論（浄土論）』にあらわしておられる」

とか、

「自力の行者を、如来と等しいということはありえない。おのおのの自力の心では、不可思議光仏の浄土にいたることはできない、ということである。ただ他力の信心によって、不可思議光仏の浄土にいたるとみえている。かの浄土に生まれようと願う信者には、不可称・不可説・不可思議の徳が完全に具わっている。心も及ぶところでなく、言葉も絶している。そうであるから、不可思議光仏と申すとみえている、とのことである」

と述べられていることは、さきの『一念多念文意』や『唯信鈔文意』のお示しとともに、よくよく味わうべきでありましょう。

『大無量寿経』には、仏身の光明無量・寿命無量の徳を説かれたあと、大衆の功徳について、浄土に住む声聞・菩薩・天・人の寿命の長さは喩えようがなく、また、声聞・菩薩の数はかぞえつくすことができず、さらにまた、無量寿仏が成道の後、最初の説法の会座《えざ》にあつまった聴衆は、その数をかぞえても、知られるところは僅かに一滴の水に過ぎず、知られぬところは大海の水のように無数であった、と説かれています。

弥陀初会ノ聖衆ハ　算数ノオヨブコトゾナキ
浄土ヲネガハムヒトハミナ　広大会《（ヲ）》ニ帰命セヨ（『讃阿弥陀仏偈和讃』十四）

一〇　浄土の風光

釈尊は、つぎに国土の荘厳《しょうごん》（うるわしいありさま）について説かれました。

第一は宝樹荘厳。浄土には、金・銀・瑠璃《るり》・玻瓈《はり》・珊瑚《さんご》・碼碯《めのう》・硨磲《しゃこ》という七宝の一つ、あるいは二宝・三宝、乃至《ないし》、七宝のすべてでできた樹木がたちならび、目にもまばゆいばかりで、清らかな風がそよいでこずえを鳴らし、その音色がおのずと和して、いとも微妙な調べをかなでる。

第二は道場樹荘厳。無量寿仏のさとりの場《にわ》の菩提樹は、高さが四百万里、幹の周囲は五十由旬（一由旬は牛車の一日の行程。約十五キロメートル）もあり、枝葉は四方二十万里にわたってひろがり、あらゆる宝でできている。枝からは瓔珞が垂《た》れさがり、樹は宝の網で覆われていて、そよ風が吹くと説法の声が流れてあまねく諸仏の国ぐににまでひびきわたり、その声を聞く者は、深いおちつきの心に安んじて、不退の位に住する。菩提樹の色を見、声を聞き、香をかぎ、舌で味わい、身に光にふれ、心に対象がはたらくと、仏のさとりを成しとげるまでのあいだ、眼・耳・鼻・舌・身・意の六根は清浄になり、苦しみやわずらいがない。また、この樹を見る者は、説法を聞いて道理を知る音響忍《おんごうにん》、みずから思惟して道理にしたがう柔順忍《にゅうじゅんにん》、現象の相《すがた》を離れて真理にかなう無生法忍《むしょうぼうにん》の三法忍を得ることができる。それは、無量寿仏の果徳のはたらきである威神力と因願のはたらきである本願力とによるからであり、本願にはことごとくのはたらきが満《み》ち足《た》りており、本願は明らかに了《さと》っていつわりがなく、堅固でこわれることがなく、必ず完全に実現される究竟《くきょう》の願であるからである。

第三は音楽荘厳。宝樹がかなでる音楽は、世のいかなる音楽よりも超えすぐれ、あらゆる自然の伎楽は、一つとして法の声でないものはない。

第四は講堂荘厳。浄土の講堂・精舎・宮殿・楼観など、すべての建物は七宝でかざられ、ひとりでにおのずからできており、宝玉をつらねた幔幕で覆われている。

第五は宝池荘厳。あまたの七宝の浴池があり、清澄で、冷たく、甘露のように美味であるなどの八つの徳をもつ水をたたえ、池のほとりにはかぐわしい栴檀《せんだん》の木が香気をただよわせ、水面《みなも》には青黄赤白の色とりどりの蓮華が咲きみだれている。水浴をしようとすると、その人の意に応じて浅深が自在であり、冷暖も自然である。水はめぐり流れて遅からず速からず、さざ波がかそけき音をたて、それが仏の声・法の声・僧の声、また、寂静・空無我・大慈悲・波羅蜜・十力無畏不共法・神通智慧・無所作・不起滅・無生忍、乃至《ないし》は甘露灌頂の声というふうに、さまざまの妙法の声となって、聞く者をして法をさとらせ、道を行じさせる。

このように、浄土はうるわしく、地獄・餓鬼・畜生というような三塗《ず》の苦難の名さえもなく、ただ自然《じねん》の快楽《けらく》の声だけがあるから、無量寿仏の国を「安楽」と名づけるのである、と釈尊は仰せられたのでした。

この浄土の光景を、親鸞聖人は、『讃阿弥陀仏偈和讃』にみごとに讃詠されています。二三を抄出しますと、

宝林宝樹微妙音　自然清和ノ伎楽ニテ
哀婉雅亮スグレタリ　清浄楽ニ《ヲ》帰命セヨ（三十七）
七宝樹林クニニミツ　光耀タガヒニ映発《カガヤケリ》ス
華菓枝葉マタオナジ　本願功徳聚ニ《ヲ》帰命セヨ（三十八）
清風宝樹ヲフクトキハ　イツツノ音声イダシツツ
宮商和シテ自然ナリ　清浄勲ヲ礼スベシ（三十九）
…………
七宝ノ宝池イサギヨク　八功徳水ミチミテリ
無漏ノ依果不思議ナリ　功徳蔵ニ《ヲ》帰命セヨ（四十三）
三塗苦難ナガクトヂ　但有自然快楽音
コノユヘ安楽トナヅケタリ　無極尊ニ《ヲ》帰命セヨ（四十四）

ところで、親鸞聖人が、これらの国土の荘厳について「七宝講堂道場樹　方便化身ノ浄土ナリ」（三十三）といわれていることに注目しなければなりません。すでに述べたことではありますが、四十八願に誓われ、それが成就した浄土のうるわしいすがたは、或る意味では、私たちの人間的願望に応《こた》えたすがたであるともいえましょう。しかし、浄土は、如来の清浄願心によって荘厳された世界であり、煩悩のちりばかりもまじらぬ清浄・真実を私たちに開示されたすがたであります。ですから、私たちが煩悩に執われた人間的願望にもとづいて浄土に往生したいとねがっても、真実報土には生まれることができず、かりに生まれることができたとしても、仮象の浄土である方便化土にとどまらざるを得ないのであります。

浄土は、私たちの願生の対象として表象されております。そして、私たちが穢土を厭い浄土を欣《ねか》うというばあい、私たちは、いわば、対応的関係において、浄土に向おうとしています。だが、私たちが浄土に生まれたいと願う心とは何か。それが、私たちの心にもとづくかぎり、いかに真摯であろうとも、煩悩的な願生心であることをまぬがれません。第十九願の「至心発願欲生の心」や第二十願の「至心廻向欲生の心」がこれであります。

ところで、よくよく考えてみますと、私たちは煩悩のかたまりであり、はるかな過去から今日今時にいたるまで、一かけらの清浄心も真実心もない身であります。如来は、これをかねてしろしめされて、本願をおこし浄土を建立されたのであります。つまり、私たちは、浄土に対面させられることにおいて、「地獄は一定すみか」である現実が照らしだされ、如来にそむくこの私のすがたがあらわになるのであります。そして、このような、如来に背をむけている私を、「逃げる者を追わえる」がごとくに、如来は光明をもって摂取して捨てたまわないのです。如来が浄土を建立あそばされて、「我が国に生まれんと欲《おも》え」と命じたもうことは、実は、逆対応としての如来の救済が開示されたことといわなければなりません。

対応関係は個別的な関係であります。親鸞聖人が、「仮の仏土の業因はそれぞれにちがいがあるから、方便化土のすがたもまた千差〔万別〕である」（「真仏土文類」）と語られていることは、それを意味するともいえましょう。聖人は、「方便化土」について、それは『観無量寿経』に説かれている浄土のすがたであり、また、『菩薩処胎経』等に説かれる「懈慢界《けまんがい》」や『大無量寿経』に説かれる「疑城胎宮」であるとし、さらにまた、道場樹や講堂や宝池などの浄土の荘厳も方便化土のすがたであるとされています。私たちが浄土を対応関係の面からだけとらえて、それを個別的に対象化して願生するかぎり、それは仮象の浄土、方便化土にすぎないといわれているのでなかろうかと考えられます。

もとより、浄土は、私たちが願生する世界でありますが、さらにいえば、如来が清浄願心によって浄土を建立したもうことにおいて、如来にそむく私たちの現実の救いが開示され、本願力の廻向として往相・還相が成り立つ場所が浄土であるといわなければなりません。聖人は『唯信鈔文意』に、善導の『法事讃』にみえる「極楽無為涅槃界……」の句を解釈して、

「涅槃界というのは、無明のまどいをひるがえして、無上涅槃のさとりをひらくことである。界は、さかいということである。さとりをひらくさかいである」

といわれているように、浄土は「絶対転換の場」にほかならないのです。私たちが浄土に対面することにおいて、その鏡面に映しだされるすがたは、無始からこのかた、乃至《ないし》、今日今時にいたるまで、穢悪汚染で清浄の心がなく虚仮諂偽で真実の心がない「一切群生海」のすがたであり、しかも、そのままそれは、如来がこの「一切群生海」を悲しみ憫《あわ》れんで、兆載永劫の修行において成就された至徳を廻施したもう「如来の満足大悲円融無碍の信心海」のすがたであるといえま

しょう。

「信心海」は、「久遠のはるかな過去已来《このかた》の、凡夫や聖者が修してきた雑修雑善の川水を転じ、五逆の罪人や正法を誹謗する者や一闡提《いっせんだい》（成仏の因をもたぬ者）の恒沙無明の海水を転じて、本願大悲智慧真実万徳の大宝海水とかえなす」（「行文類」）ことが現成する場であり、その風光は、「大悲の願船（本願の船）に乗って光明の広海に浮ぶと、至徳の風は静かで、衆禍の波が転ずる。すなわち、無明の闇を破り速やかに無量光明土に到って大般涅槃をさとり、普賢の徳に遵《したが》って〔還相のはたらきをあらわす〕のである」（「同」）といわなければなりません。つまり、私たちはそれぞれの機根に応じて個別的な対応関係において浄土を願生するのでありますが、摂取の光明はつねにこの身を照らしたまい、この私が一たび名号《みな》を聞くことができますと、真実の浄土のすがたがあらわになり、その浄土は、逆対応としての普遍的関係を開示し、往相・還相の根拠をあらわすのであります。そして、浄土のひかりに回光返照されるところに、穢土の現実が「常行大悲」の場として積極的に意義づけられるといえましょう。親鸞聖人が、「真実報土」を「無量光明土」、「諸智土」、「究竟如虚空　広大無辺際」といわれたのはこのことを意味するとも思われます。浄土は、「無為自然《むいじねん》」の浄土として「自然の浄土」であり、しかも「願力《がんりき》自然」による「もとよりしからしむる」場にほかなりません。

五濁悪世ノワレラコソ　金剛ノ信心バカリニテ
ナガク生死ヲステハテテ　自然ノ浄土ニイタルナレ（「浄土高僧和讃」善導十五）

一一　浄土の住民

国土荘厳につづいて、浄土に往生した人びとのすがた——眷属荘厳《けんぞくしょうごん》が説かれています。釈尊が阿難に申されるには、

「阿難よ、かの仏の国土に往生した人びとは、清浄な形相をもつ身（清浄色身）をうけ、あらゆる妙《たえ》なる音声、自由自在に超能力をあらわす神通功徳を具えている。その居住する宮殿をはじめ、衣食や香や装身具などは、第六天（他化自在天。世俗的な欲望をみたす最上の世界）においておのずと得られるのに喩えられる。食事をしたいと思うと、七宝の器《うつわ》に盛られた珍味がひとりでに目の前にならび、その色を見、かおりをかぐだけで、実際に口にしなくても食欲がみたされ、身も心もやわらいで、味覚に執著することがない。食事がすむと知らぬ間にかたずけられ、時がくると自然にあらわれるのだ。

このように、かの無量寿仏の国土は、きよらかで安らけく穏《おだ》やかであり、この上なくすぐれてこころよく、楽しく、あたかも無為涅槃さながらである。浄土の住民——それらはかりに声聞・菩薩・天・人と名づけられているが、彼らはいずれも智慧がすぐれ、神通自在であり、姿かたちはみな同じく、たがいに何らのちがいもない。ただ、他の世界のならわしにしたがって、天とか人とかの名で呼ばれているだけである。顔かたちは端正で、世に超えすぐれて希有《まれ》であり、容姿がことのほかまさっていることは、神がみや人びとの比ではない。実は、彼らは天でもなく人でもなく、すべては自《おのずか》ら然らしめられ、あるがままの法則にのっとり、有とか無とかいう一切のと

らわれをはなれ、〈虚無《こむ》〉とでもいうよりほかはない自由自在の身をうけ、絶対究極の真理そのもの、つまり、相対的なすべてを超えた〈無極《むごく》〉を体としているのである」

浄土の住民について、釈尊はこのように説かれました。すでに述べたように、親鸞聖人は、この一節を第十一願の成就であるとされています。

安楽声聞菩薩衆　人天智慧ホガラカニ
身相荘厳*殊異ナシ　他方ニ順ジテ名ヲツラヌ（「讃阿弥陀仏偈和讃」二十）
顔容端政タグヒナシ　精微《しょうみ》妙軀非人天
虚無之身無極体　平等力ニ《（ヲ）》帰命セヨ（二十一）

＊「殊異ナシ」（国宝本）は、文明版・顕智書写本では「ミナオナジ」。

そこで、釈尊は阿難にたずねられました。「それでは、たとえば世間の貧しい乞食が帝王のそばにはべったら、そのすがたかたちは比べものになるだろうか」

「とても話にもなににもなりません。貧しい乞食は、前世で善根を積まず、財宝をもちながら人に施さず、富を得ればますます吝嗇《けち》になり、いたずらに欲にふけって足るを知らず、一善も修《おさ》めないで罪だけを山のようにかさね、その結果、寿命がつきたときには、折角貯えてきた物も自分の役にたたず、他人の所有となり、たのみとなる善根もあてにする功徳もございませんから、悪道に堕《お》ちて長いあいだ苦しみをうけ、それが終ってやっとのことで人間界に生まれても、乞食の身にしかなれなかったと存じます。それにくらべて、帝王に生まれたのは、過去世における善行にもとづく福徳の果報と存じますから、比較にはならないと思います」

「そうであろう。帝王は、人びとの中では尊貴ではあるが、転輪聖王とならぶと見劣りがするし、転輪聖王とて、忉利《とうり》天王にくらべると及びもつかず、忉利天王も、第六天王に比較すると百千億倍も見劣りがする。その第六天王も、無量寿仏の国土の菩薩や声聞にくらべると、百千億不可計倍ほどもちがいがある。また、無量寿仏の国土の天や人が受ける楽しみはすぐれており、それは出家者が心や心のはたらきを滅し尽した境地にも喩えられる。

浄土においては、風が吹くと花が大地に散り敷き、履《ふ》めばくぼみ、挙《あ》げればもどり、花がいらなくなると自然に消えさり、それが日に六度くりかえされる。

また、あらゆる宝でできている蓮華が、いたるところに咲きみだれ、その花びらは色とりどりで、それぞれに光を放って、太陽や月の光よりもなお明るく、一一の花の中からは三十六百千億の光が射《さ》し、一一の光からは三十六百千億の仏があらわれたもう。その諸仏は、それぞれに百千の光明を放ち、あまねく十方の世界に赴かれて、微妙の法を説き、無量の衆生を教えみちびいて、おのおのをして仏の正道におちつかせたもうのである」と。

以上で、『経』の巻上は終ります。

一二　本願の成就と「即得往生」――念仏による往生

『大無量寿経』の巻下には、釈尊が阿難に対して衆生の往生の因と果を説かれたあと、弥勒菩薩らに対して、大悲の心から、後の世の人びとのために、罪過を誡《いまし》め信心を勧《すす》められています。

弥勒菩薩は、現在、兜率《とそつ》天におられ、釈尊が入滅されてから五十六億七千万年の後、この世にお出ましになり、竜華樹の下でさとりをひらかれる未来仏でありますが、釈尊は、この弥勒菩薩に、人びとが三毒・五悪のために苦しんでいるをあわれんで誡めたまい、浄土のすがたを霊鷲山上にまのあたり現わされて、仏智の不思議を信ぜよと勧められたのでした。

以上で正宗分が終り、流通分には、念仏の一行を弥勒に付嘱して、末の世までもこの経法を伝えよと仰せになり、説法をうけたまわった大衆がそれぞれ得た利益を説き、天地の感応と大衆の歓喜を述べて結ばれています。

さて、「衆生の往生の因」を説く章には、まず「念仏による往生」、次に「諸行による往生」を説き、つづいて、十方の諸仏の国ぐにから無数の菩薩たちが無量寿仏のみもとに来詣し、供養聞法して、仏と成る記別（予言）を授けられることが述べられています。

すなわち、「念仏による往生」について、

「生きとし生ける者が彼の無量寿仏の国に生まれようとすると、みなことごとく正定聚の身となる。なぜかというと、浄土には邪定聚や不定聚の者はいないからである。（第十一願の成就）

十方の世界におわしますカンジス河の砂の数ほどもあまたな諸仏如来は、みなともに、無量寿仏の威神力《おおみちから》とその徳が不可思議であることをほめたたえておられる。（第十七願の成就）

あらゆる生きとし生ける者は、その名号のいわれを聞いて信じよろこぶ一念に、往生がさだまる。それは、その信心が如来の至心（真実心）から廻向されたものであることによる。〔如来から廻向された信心は、とりもなおさず、わが国に生まれんと欲《おも》え、との如来の勅命のままに、往生をねがう他力の願生心にほかならず〕、だから、浄土を願生する者は、〔信の一念に〕、たちどころに往生すべき身とさだまり、不退の位に安住する。ただ、五逆の重罪を犯す者と、正法を誹謗する者とは、そのかぎりではない。〔それは重罪を犯すのを悲しんで抑《おさ》え止《とど》める心からであり、逆謗の者こそ本願の目あてではあるが〕（第十八願成就）」

と説かれています。

　安楽国ヲネガフヒト　正定聚ニコソ住スナレ
　邪定不定聚クニニナシ　諸仏讃嘆シタマヘリ（二十二「讃阿弥陀仏偈和讃」）
　十方諸有ノ衆生ハ　阿弥陀至徳ノミナ《（御名）》ヲキキ
　真実信心イタリナバ　オホキニ所聞ヲ慶喜セム（二十三）
　若不生者ノチカヒユヘ　信楽マコトニトキイタリ
　一念慶喜スルヒトハ　往生カナラズサダマリヌ（二十四）

ここに説かれている第十一・十七・十八願の成就については、すでにそれぞれの願を解説したところで述べておきましたが、この経文には、聖人が独自の訓点を加えておられますので、そのことに関して少しふれておきましょう。

まず、第十一願成就の「其有衆生生彼国者皆悉住於正定之聚」の文でありますが、この「生彼国者」を、一般には「彼の国に生ずれば」と読んで、浄土に生まれると、彼の土において正定聚に住するとの意味に解されています。ところが、親鸞聖人は、「信文類」には「彼の国に生ずる者は」と読み、その意味を『一念多念文意』には「かのくににむまれむとするものは」としており、現生《げんしょう》で正定聚《しょうじょうじゅ》の位にさだまることとみられたのでした。また、「所以者何彼仏国中無諸邪聚及不定聚」でありますが、一般には「邪聚（邪定聚）」とは浄土に往生しても再び三悪道にかえる者、「不定聚」とは浄土に往生しても成仏できるかどうかが不定である者と解し、浄土にはこのような邪定聚や不定聚はおらないとしています。しかし、聖人は「正定聚」を現生における機（仏の教化にあずかる対象）のあり方として領解されましたから、「邪聚」「不定聚」もこの世における機のあり方とみられたのです。すなわち、邪定聚とは、自力の諸善を修して往生しようとする「雑行雑修、万善諸行のひと」、つまり第十九願の機であり、不定聚とは、本願の嘉号をおのれ善根として修する自力念仏のひと、つまり第二十願の機であるとしておられます（一二一頁参照）

つぎに、注目しなければならぬのは、第十八願成就の「諸有衆生聞其名号信心歓喜乃至一念……」の文であります。この文について、「信文類」には、

「ところで、『経』に『聞』というのは、衆生が、仏願の生起本末〔つまり、阿弥陀仏が衆生救済の願をおこされた目的とそれによって現に到達された結果、すなわち本願の名号のいわれ〕を聞信して、つゆほどの疑いの心もないのを『聞』というのである。『信心』というの

は、すなわち、如来の本願のはたらきとして衆生に廻向された信心である。『歓喜』というのは、身にも心にもよろこびがあふれたかたちである。『乃至』というのは、多いのも少いのも、すべてをおさめたことばである。『一念』というのは、信心は二心がないから『一念』という。これを『一心』と名づける。『一心』は、すなわち清浄報土に往生する真因である」

と解し、『一念多念文意』には、

「『諸有衆生』というのは、十方のよろずの衆生という意味である。

『聞其名号』というのは、本願の名号を聞くとのたもうておられるのである。聞くというのは、本願〔のいわれ〕を聞いて、疑う心がないのを『聞』というのである。また、聞くというのは、信心をあらわすおしえである。

『信心歓喜乃至一念』というのは、『信心』は、如来のおん誓いを聞いて、疑う心がないことである。『歓喜』*というのは、『歓』は身をよろこばさせることであり、『喜』は心をよろこばしめることである。得るべきことを獲るであろうと、かねて以前からよろこぶ意味である。『乃至』は、多きをも、少きをも、久しきをも、近きをも、先をも、後をも、すべてを兼ねておさめている言葉である。『一念』というのは、信心を獲得する時刻のきわまりをあらわす言葉である」

＊　ちなみに、聖人は「歓喜」を「うべきことをえてむずと、かねてさきからよろこぶこころ」とするのに対して、「慶喜」とは、「慶はよろこぶといふ。信心をえてのちによろこぶなり。喜はこころのう

ちによろこぶこころたえずしてつねなるをいふ。うべきことをえてのちに、みにもこころにもよろこぶこころなり」（『唯信鈔文意』）とされています。

と釈しておられます。

さて、次の「至心廻向」の語でありますが、一般には、「至心に廻向して」あるいは「心を至し廻向して」と読んで、下の「彼の国に生まれんと願ずれば」にかけて、衆生の心のあり方と解してきたのでしたが、親鸞聖人は、この語に本願の正意を見いだされ、画期的な訓を加えられたのでありました。すなわち、

「至心に廻向せしめたまへり」（「信文類」）

がこれであります。私たちの救済が、如来の真実心・清浄心から廻向された「真実信心」を正因とする根拠を、この言葉のなかに見いだされたのでした。『一念多念文意』に、

「『至心廻向』というのは、『至心』は、真実という言葉である。真実は、阿弥陀如来のおん心である。『廻向』は、本願の名号をもって、十方の生きとし生ける者にあたえたもうおしえである」

と解釈されているところであります。

「廻向」とは、廻はめぐらすこと、向はさしむけることを意味し、一般には、たとえば慧遠が『大乗義章』に、

(1)自分が修した善因を仏果菩提を得ることにさしむける菩提廻向。

(2)自分が修した善根功徳を他の衆生を利益するためにさしむける衆生廻向。
(3)自分が修した善根の事《じ》を平等の理にさしむけて、その一一の善が真如法性の顕現であると観じて平等法身の理をさとる実際廻向。
の三種廻向を挙げているように、修行者の自力の廻向を指します。
また、浄土教の伝統では、曇鸞大師の、
(1)自分の功徳を衆生に廻施して共に浄土に生まれようと願う往相。
(2)浄土に生まれおわって、再び生死界に廻入して衆生を教化し共に浄土に向わせる還相。
という往相と還相との二種廻向の説。あるいは、道綽禅師の、
(1)あらゆる善を往生の目的にさしむけて極楽に生まれ、六神通を得て、この世に還って衆生を救うこと。
(2)因を果に、(3)下を上に、(4)遅を速に、それぞれめぐらしてさしむけること。
(5)衆生に廻施して善に向わせること。
(6)廻入して分別の心を去ること。
の六種廻向の説などがあります。また、法然上人は、諸善万行は本願の行ではないから、衆生がその行を往生の目的にさしむけなければならないが、念仏は衆生の廻向を必要としない「不廻向の行」であるとされました。親鸞聖人は、これらの伝統をうけつぎながら、しかも、「廻向」とは「如来の本願力の廻向」であるとする、独自の教義を確立されたのであります。

「謹んで浄土真宗を考えますと、二種の廻向があります。一には往相、二には還相であります」（「教文類」）

「本願力の廻向に二種の相があります。一には往相、二には還相であります」（『浄土文類聚鈔』）

と説かれるように、「如」が衆生済度のために「如↑↓来」するはたらきが「廻向」であります。

最後に、「願生彼国即得往生住不退転……」の文でありますが、

「『願生彼国』というのは、『願生』は、よろずの衆生が、本願に誓われている真実報土に生まれようと願え、という〔如来の招喚の勅命のままに信順する〕ことである。『彼国』は、かの国という。安楽国を教えたもうておられるのである」（『一念多念文意』）

を意味します。そして、「即得往生」を、一般には、「即」とは異時即、つまり、この世の生涯が終ってから、「即ち〔未来に〕往生を得ることができる」と解してきたのでしたが、親鸞聖人は、「即」を信心の事態そのこと、同時即とみられたのです。すなわち、

「『即得往生』というのは、『即』は、すなわちということで、時を経ず、日をも隔てないことである。また、『即』は、即《つ》くということで、その位に定まり即くという言葉である。『得』は、得るべきことを得たということである。真実信心を得ると、即ち、無碍光仏のおん心のうちに摂《おさ》め取って捨てたまわないことである。摂は、おさめたもう、取はむかえとると申すのである。〔如来が〕摂め取りたもうとき、〔つまり、衆生に真実信心がおこるとき〕、即ち、時《とき》・日《ひ》をも隔てず、〔その瞬間に〕、正定聚の位に即《つ》きさだまるのを、『往生を得』とのたま

われるのである」（同）

といわれています。このことについて、『愚禿鈔』には、善導大師が「前念に命終して後念に即ち彼の国に生まれ……」（『往生礼讃』）と説くのにちなんで、

本願を信受するのは、前念命終である。「即ち正定聚に入る」文

即得往生は、後念即生である。「即の時、必定に入る」文「また必定の菩薩と名づくるなり」文

としています。この「前念」と「後念」は、「命終」と「即生」という意味では前後の次第があり、二念ともみられましょうが、「命終」がすなわち「即生」であり、それは「信の一念」における如来の救済の内景であると申してもよいでしょう。

なお、「唯除五逆誹謗正法」については、すでに第十八願の解説で述べたとおりであります。

一三　諸行による往生

「念仏往生」について説かれたのにつづいて、第十九願の機の「諸行往生」のすがたが説かれます。

おのれのまごころをこめて浄土に生まれたいと願い、善を修め、徳を積む人びとには、およそ三類があり、その上輩は、家を捨てて出家者となり、菩提心をおこしてひたすら無量寿仏を専念し、あらゆる功徳を修める者であります。これにつぐ中輩は、家庭生活をしながら、無上菩提心をおこしてひたすら無量寿仏を専念し、特にさだめられた日には出家者に準じて*八斎戒をまもり、

仏塔や仏像をつくり、出家者に食事をほどこし、仏前に、絹の天蓋をかけ灯明をともし華をまき香をたいて供養するなど、多少の善を修める者であり、下輩は、同じく在家の身でありますが、中輩の人びとのような功徳をつくることはできないにしても、無上菩提心をおこしてひたすら意《こころ》を専らにして十たびでも無量寿仏を念じ、浄土に生まれたいと願う者であります。

＊　八斎戒は、在家の信者が一日一夜の期限をかぎって、出家者と同様に、身心を清浄にたもちつつしむこと。(1)生きものを殺さぬ、(2)ぬすみをせぬ、(3)夫婦の交わりをせぬ、(4)うそをいわぬ、(5)酒を飲まぬ、(6)高座に坐り、よい床に臥さぬ。(7)身に香油を塗らず、装身具をつけず、演劇や音楽を観聴せず、(8)正午を過ぎて以後は食事をしない。

これらの三輩は、性質や能力にちがいがあり、実践もさまざまですから、臨終に浄土に生まれゆくすがたにも差異があります。上輩の者は、この世で仏を拝見することができ、臨終には無量寿仏が多くの聖衆をともなってその人の前に現われて下さいますので、即時に仏に随って往生することができて、便《すなわ》ち七宝の蓮華の中からおのずとたちまちに生まれて不退の位に住し、智慧がすぐれ、神通自在の身となります。

中輩の者は、臨終に際して、無量寿仏が光明や相好が真仏そのままのおすがたである化身《けしん》（かりのすがた）をあらわされ、多くの聖者たちとともにその人の前に現われて下さいますので、即時にこの化仏に随って往生することができ、不退の位に住し、上輩につぐ功徳と智慧が得られます。

下輩の者は、もし、無量寿仏の名号の深いいわれを聞いてよろこび信じて疑わず、たとい一たびでも無量寿仏を念じ、まごころから浄土に生まれたいとねがうならば、臨終にあたって、夢の中でみるように無量寿仏を拝見して往生することができ、中輩につぐ功徳と智慧が得られます。

以上が三輩往生の教説ですが、聖道門の諸師は、この文をさきの「念仏往生」の文が往生の因法を略説したのに対して、広く往生の行業を明らかにするものであると解しました。ところが、法然上人は、『選択集』に次のように釈しておられます。

すなわち、この文を「三輩念仏往生の文」と名づけて引用し、経文には念仏以外のさまざまな余行をも説いているのに、なぜ「念仏往生」というのか、との問を設け、その意味は、善導の『観念法門』にいうように、衆生の根性には上・中・下の不同があるけれども、仏は、それぞれの根性に応じて無量寿仏の名を専念させ、臨終に来迎して往生をとげさせるから、三輩を、いずれも念仏往生というのである、と答え、それではなぜ、経に説かれている余行を棄てて念仏だけをとるか、というと、

(1)諸行を廃して念仏に帰させるため、
(2)念仏を助けて成しとげさせるため、
(3)念仏と諸行とにそれぞれ三類があることを示すため、

という三つの理由によるとして、念仏と諸行との廃立・助正・傍正をあらわすとみられたのです。

親鸞聖人が、この三輩の文と、『観無量寿経』の定散九品の文とを、第十九願の成就文とみられたことは、すでに「四十八願」の章で述べたとおりであります。

一四　諸仏の讃歌

十方世界の数かぎりない諸仏如来のうち、お一方とて、無量寿仏の威神功徳を讃嘆したまわない方はございません。それは、第十七願に、十方無量の諸仏に我が名を称《ほ》められん称《とな》えられんと誓われて、如来の真実功徳を名号にあらわし、衆生往生の大行を成就されたからであります。そして、それゆえに、東方の無数の仏国の菩薩がたが、ことごとく無量寿仏のみもとに詣でて、無量寿仏とその浄土の聖衆がたをうやうやしく供養したてまつり、本願念仏の教をうけたまわって、本国に還ってそれを宣《の》べひろめ、人びとにめぐみをあたえたのでした。南・西・北方や、四維《ゆい》・上下の諸仏の国ぐにの菩薩がたについても同様であります。釈尊は、このことを次のようにうたわれました。

東方の諸仏の国ぐには
ガンジス河の砂ほどにあまたであるが
その国ぐにの菩薩たちはこぞって
無量寿仏の浄土をたずねてみもとに詣でた
南や西や北の方また四維上下の国ぐにも
同じくあまたあるけれども
その国ぐにの菩薩たちもこぞって
無量寿仏の浄土をたずねてみもとに詣でた

あまねくすべての菩薩たちは
手に手にうるわしい花やかぐわしい香
価もしれぬ衣をささげて
無量寿仏を供養したてまつった
もろもろの妙なる楽をかなで
みやびな音色《ねいろ》をひびかせて
すぐれて尊きおん方とうたいたたえ
無量寿仏を供養したてまつった
「無量寿仏は神通をきわめ智慧に達し
深い真理の門に遊び入り
功徳の蔵をそなえて
妙智はならびなくまします
智慧は太陽のごとくに世を照らし
生死《まよい》の雲を消し除きたもう」と
うやうやしく無量寿仏のまわりを三たびめぐり
礼をつくして拝していう
「おごそかにかざられた彼の国の

すぐれて不思議なさまをみたてまつって
この上ない菩提心がおこり
わが国土をかくあらしめたいと願う」と
そのとき無量寿仏は
み容《かお》をうごかしてほほえみたまい
お口からは無数の光を放って
十方の国ぐにをあまねく照し
光は返りきて三たびおん身をめぐり
仏頂におさまりたもうた
これを拝した神がみや人びとは
ことごとく踊りあがりよろこんだ
そのとき観世音菩薩が
衣服をととのえうやうやしく問いまつるには
「なぜにほほえみたまわれたか
そのいわれを説きたまえ」と
仏のみ声は雷《いかずち》のごとく天地をゆるがし
妙なる八音をひびかせて

「いまこそおんみらに成仏の記をさずけよう
あきらかに聴くがよい
十方から来た菩薩たちよ
わたしはおんみらの願を知りつくしている
それがうるわしい浄土の建設を目ざしていることを
願は果《はた》しとげられきっと仏になるにちがいない
ものはみな夢のごとく幻のごとく
響きのごとくに仮象であると覚《さと》りつつも
しかもおんみらの願のままに
必ずや浄土はうちたてられよう
ものはみな電《いなずま》のごとく影のごとしと知りつつも
しかも菩薩の道をきわめつくし
功徳の本《もと》を具えて
願は果しとげられきっと仏になるにちがいない
物も心もすべての本性は
空であり無我であると見とおしつつも
しかもひたすら浄土をうちたてようとの

おんみらの願は必ずやとげられよう」と
十方の諸仏は菩薩らに
安養浄土の仏を拝ませようとして告げたもう
「法を聞き信じよろこび道を修め
疾《と》く浄《きよ》らかな境界《きょうがい》を得るがよい
かの安養浄土におもむけば
すみやかに神通自在を得て
無量寿仏から成仏のあかしをうけ
如来とひとしい境地となろう
無量寿仏の本願のはたらきにより
み名を聞いて往生したいと欲《おも》えば
皆ことごとく彼の国に到《いた》ることができ
おのずから不退の位に致《いた》らしめられよう
菩薩らよ　真実の願をおこして
みずからの国を彼の安養浄土のごとくあらしめたいとねがい
あまねく生きとし生ける者を救おうと念ずれば
そなたの名も十方にひびきわたろう

あまたの如来につかえまつり
くまなく如来の国ぐにをたずねて
つつしみうやまいよろこびを得て
また安養浄土に還《かえ》ることができよう」と
もし人に過去の世の善因がなければ
この経を聞けようはずはない
きよらかに仏のおきてをたもちきた者こそ
いまし正しいみ法《のり》を聞くことができよう
かつて世尊にあいまつった者こそ
よくそのいわれを信じることができ
おのれをむなしくして仰せのままに行じ
天におどり地におどるほどによろこべよう
おごりあなどりおこたり怠《なま》ける者は
この法を信じることがむずかしく
過去の世に諸仏を拝した者は
心から信じてこの教を聴くことができよう
声聞や菩薩などの聖者でさえ

無量寿仏のお心をきわめることはできないのだ
あたかも生まれつき目の不自由なひとが
道もしらずに人を導こうとするのにひとしいといえる
如来の智慧の海は
深く広くてその底がはてしなく
声聞や縁覚には測《はか》ることができず
ただ仏だけがひとり明らかに了《さと》りたもう
たといあらゆる人びとが
ことごとく道をきわめ得て
浄《きよ》らかな智慧ですべては本来空と知り
億劫の長きにわたって仏智を思い
力のかぎり講じ説きあかそうとつとめ
寿《いのち》をつくしてもなお知り得ぬほどに
仏の智慧は辺《ほと》りなく際《きわ》もない
如来はこのように清浄をきわめたもうのだ
人の世にいのち得ることはまれであり
仏の世にあいまつることもむずかしい

ましてや信心の智慧をいただくことはなおさらである
もし法を聞く縁があればつとめて求めよ
法を聞いてよく忘れず
法を見て大いに慶《よろこ》べば
これぞわが善き親友にほかならぬ
それゆえに人びとよ　菩提心をおこすがよい
たとい大千世界に満てらん火をも過ぎゆきて
仏のみ法《のり》を聞け
かならずやさとりを成就して
広く生死の流《ながれ》を済度できよう」と

この偈は、「往観偈《おうごんげ》」あるいは「東方偈」と呼ばれています、親鸞聖人は、この偈に和して、「讃阿弥陀仏偈和讃」には、

＊タトヒ大千世界ニ　ミテラン火オモスギユキテ
仏ノミナヲキクヒトハ　ナガク不退ニカナフナリ（二十九）
神力無極ノ阿弥陀ハ　無量ノ諸仏ホメタマフ
東方恒沙ノ仏国ヨリ　無数ノ菩薩ユキタマフ（三十）
自余ノ九方ノ仏国モ　菩薩ノ往観ミナオナジ

釈迦牟尼如来偈ヲトキテ　無量ノ功徳ヲホメタマフ（三十一）
諸来＊＊ノ無量菩薩衆　徳本ウエムタメニトテ
恭敬ヲイタシ歌歎ス　ミナヒト婆伽婆ニ《(ヲ)》帰命セヨ（三十二）

＊　このことは、『経』の流通分にも説かれています。
＊＊　文明版や顕智書写本では「十方ノ」

とうたい、また、偈の中の

其仏本願力　その仏（無量寿仏）の本願のはたらきにより
聞名欲往生　み名を聞いて往生したいと欲《おも》えば
皆悉到彼国　皆ことごとく彼の国に到《いた》ることができ
自致不退転　おのずから不退の位に致《いた》らしめられよう

の句を「行文類」に、

聞法能不忘　法を聞いてよく忘れず
見敬得大慶　法を見て大いに慶べば
則我善親友　これぞわが善き親友にほかならぬ
是故当発意　それゆえに人びとよ　菩提心をおこすがよい

の句を「信文類」に引き、それぞれ大行・大信の成就のあかしとし、そのほか、「行文類」の一乗海の釈や、「信文類」の信一念の釈、横超断四流の釈および真仏弟子の釈にも引用があり、こ

の偈を重視されていたことが知られます。なお、「化身土文類」本には、

若人無善本　もし人に過去の世の善因がなければ
不得聞此経　この経を聞けようはずはない
清浄有戒者　きよらかに仏のおきてをたもちきた者こそ
乃獲聞正法　いまし正しいみ法を聞くことができよう

の句を引いて、宿善をよろこび、「果遂の誓」の善巧を味われたのでありました。

ちなみに、異訳の『平等覚経』には、『大経』のこの偈に相当する部分が、弥陀の果徳を説く個所におさめられており、その中にみえる「無量光明土」の語を、聖人は、真実報土の名とされたのでありました。

一五　浄土の菩薩

さて、浄土に往生すると、必ず滅度に至らしめられ、ただちにこの上ない仏のさとりをひらいて大慈悲をあらわし、穢土に還って思うがままに生きとし生ける者をたすけとげることができます。そのすがたが、第二十二願に誓われた一生補処《ふしょ》の菩薩のすがたにほかなりません。

さきにも述べたことですが、一生補処とは、菩薩としての最後の一生がおわると必ず仏処を補うべき者、つまり、仏の候補者として、因位にありながら果位の仏とさとりを等しくする等覚の菩薩を意味し、たとえば、釈迦牟尼仏の補処は弥勒菩薩であります。すなわち菩薩から仏へ、因

から果へという面からいうと、因位の最高の菩薩が補処の菩薩であります。しかし、仏が衆生を救うには、衆生の苦悩の世界に下《お》りたって、みずからの内に衆生の苦悩をひきうけなければならず、その意味からいえば、果から因に降《くだ》って仏が菩薩とあらわれたもうのが補処の菩薩であり、法蔵菩薩はその根本のすがたであるといえましょう。いわば、仏のあらわれはたらくすがたがそれにほかならないのです。第二十二願に、浄土に往生した者のうち、他の人びとを救うためのてだてとして、菩薩のさまざまな段階のうち、或る階位にとどまりたいと思う者以外は、すべて一生補処の菩薩となると誓われたことは、この意味であり、補処の菩薩とは、とりもなおさず仏の還相摂化の具体的なあらわれといわなければなりません。

浄土の菩薩は、みな一生補処の、等覚位の菩薩でありますが、その中でもとりわけすぐれているのが観世音菩薩と大勢至菩薩とであり、無量寿仏（阿弥陀仏）の脇侍として慈悲の徳とあらわすのが観世音、智慧の徳をあらわすのが大勢至であります。『経』には、このお二方は、娑婆世界で菩薩の行を修め、その寿命が終られてから無量寿仏の浄土に生まれられたと説かれています。

浄土には、このように衆生往生の果としての、観音・勢至をはじめとする無数の菩薩がおられますが、これらの菩薩がたは、三十二種の顕著なうるわしい相をそなえ、智慧に満ち、安らかな三法忍の境地におちついて、二度と三悪道へかえることがないと、『経』に説かれています。ただ、釈迦牟尼仏が娑婆世界にお出ましになられたように、これらの菩薩が、他方の五濁悪世に生まれて、その世界の衆生と同じすがたをとり、教化のはたらきを示すことも自由であります。

また、浄土に生まれた菩薩たちは、無量寿仏の威神力《おおみちから》をうけて、ほんのわずかなあいだにも、十方の数かぎりない仏国をおとずれて、その国にましますの諸仏を供養することができるのです。

浄土においては、七宝でかざられた講堂に大衆を集めて、無量寿仏が説法をなさいますと、その座につらなる一同は、これを聞いて歓喜し了解して、一人としてさとりをひらかぬものとてなく、そのとき、おのずと清風が吹き起り、宝樹のこずえを鳴らして音楽をかなで、花を大地に散り敷いて、おのずと仏と大衆とを供養したてまつることが絶え間なく、また、天人も香花や音楽で供養し、そのなごやかさ、こころよさは、語りつくせません。

浄土の菩薩がたが説法される際には、つねに正しい法を宣べ、よく仏智にかなって誤ることがないのであります。

菩薩たちは、浄土のあらゆる万物に対して、わがものとして執われる心がなく、したがって惜んだり愛著したりすることがありません。去《ゆ》くも来《かえ》るも、進むも止《とど》まるも、すべて情《こころ》にかかることがなく、自由自在で、親疎の差別をいたしません。彼れと我れとのへだてがなく、競いあらそうこともありません。生きとし生ける者に大慈悲をもってめぐみをあたえようとします。いつもおだやかで、やわらかく、あらい心をおさえて、忿《いか》りや恨《うら》む心がなく、障《さわ》りを離れた浄《きよ》らかな心をもち、倦《う》みつかれて厭《いと》いおこたることがありません。平等にすべての者を救う等心、すぐれてとうとい勝心、慈悲ぶかい深心、精神を統一した定心《じょう》、仏法を愛しねがいよろこぶ愛法・楽法《ぎょう》・

喜法の心をもち、すべての迷いの心を離れておられます。

このように、浄土の菩薩たちは、自利利他の行をきわめ、無量の功徳をまどかにそなえ、これを成就しています。深い精神統一の境地と、神足・天眼・天耳・他心・宿命・漏尽の六神通や、宿明・天眼・漏尽の三明、また、聞・思・修の三慧を得て、さとりの智慧を助ける記憶や選択などの七覚により仏法を修め、肉眼は清く澄みとおって色や形をはっきりと見わけ、天眼は三世十方の世界を見とおし、法眼はさまざまな事相《じそう》を観じてさとりへのあらゆる道を見きわめ、慧眼は絶対平等の理性《りしょう》を観じて本来空であるさとりの彼岸をあきらかに見、仏眼はまどかに法性《ほっしょう》をさとりつくしています。そして、さわりのない智慧により、人びとのために法を説き、迷いの世界である欲界・色界・無色界はいずれも実体がなく執著にもとづく仮象であると見きわめつつ、しかも、上は菩提を求め、下は衆生を教化したもうのです。

もとより、無量寿仏は真如からあらわれたもうたのですから、その浄土も、浄土の菩薩たちも、すべては「如」から来生されたといわなければなりません。それで、菩薩たちは、すべての事象が一として真如でないものはないとさとりつつ、しかも、善を習い悪を滅する説法のてだてを心得ており、世俗の話をよろこばず、ひたすら仏法の正しい議論をねがい求めます。

菩薩たちは、あらゆる善の本《もと》（因）を修めて仏道をあがめ、すべての存在は本来空であり、生滅変化を超えた絶対のしずけさにほかならぬと知って、迷いの果である肉体と迷いの因である煩悩を根絶し、奥ぶかい教法を聞いても疑わず懼《おそ》れないで修行にはげみ、その大悲は深遠ですぐれていてすべてを包容してあますところがなく、生きとし生ける者を仏果に至らせる一乗の教をきわめて人びとをさとりの彼岸にわたらせ、疑いの網を断ちきり、智慧が心の底からわきでて、仏の教法をあますところなくさとりつくしています。

浄土の菩薩たちは、智慧は大海のように深く広く、三昧（精神統一の境地）は山王のように高くゆるぎなく、智慧の光が明らけく浄らかなことは日月にも超えすぐれ、煩悩のけがれに染まぬ善根をまどかにそなえています。その心は、雪山・大地・浄水・火王・大風・虚空・蓮華・大乗・重雲・大雨・金剛山・梵天王・尼拘類樹《にくるい》・優曇盋華《うどんばつげ》・金翅鳥《こんじちょう》・牛王《ごおう》・象王・獅子王にも喩《たと》えられ、その大慈悲は大空のようにひろく平等であります。

菩薩たちは、嫉妬《しっと》心がなく、ひたすら法をねがい求め、人びとのために法を説いて倦《う》むことがなく、智慧の光をかがやかせて愚癡《ぐち》の闇を除き、互《たがい》に仲よく敬いあって法をほどこし、つとめはげんで挫折せず、世の灯明《ともしび》となり、人びとに福徳を得させ、つねに指導者として、憎んだり愛したりするわけへだてがなく、ただ正しい道を得させたいとねがうだけで、そのほかには喜びも憂《うれ》いもなく、欲望の刺《とげ》を抜いて人びとを安んじさせます。このように、浄土の菩薩たちは、その功徳と智慧がすぐれていますから、誰ひとりとして尊敬しない者はありません。菩薩たちは、むさぼり・いかり・おろかさの障《さわ》りを滅して、思いのままに不可思議なはたらきをあらわし、さまざまの力を身につけています。

浄土の菩薩たちは、身色・相好・功徳・弁才などをまどかにそなえ、無量の諸仏にうやまいつかえるとともに、それらの諸仏からほめたたえられ、布施・持戒・忍辱《にんにく》・精進・禅定・智慧の六波羅蜜《はらみつ》の行（さとりの彼岸に到る行）をきわめつくし、あらゆるものは実体がなくて空であり、執われるべきすがたかたちがなく、したがって願いもとめる何ものもないと観じて心の平静を得る空・無相・無願の三昧や、すべてのものは不生不滅であるとさとるもろもろの三昧を修めて、声聞や縁覚のような自利だけにとどまる境地をはるかに超えて遠ざかっています。このように無量の功徳を成しとげており、その徳は説けどもつきないのであります。

　釈尊は、往生の果としての浄土の菩薩の徳を、このように阿難に略説されたのでしたが、その要を「讃阿弥陀仏偈和讃」に、たくみに讃詠されています。

安楽無量ノ大菩薩ハ　一生補処ニイタルナリ
普賢ノ徳ニ帰シテコソ　穢国ニカナラズ化スルナレ（十五）
十方衆生ノタメニトテ　如来ノ（ヲ）法蔵アツメテゾ
本願弘誓ニ帰セシムル　大心海ニ帰命セヨ（十六）
観音勢志（至）モロトモニ　慈光世界ヲ照曜シ
有縁ヲ度シテシバラクモ　休息アルコトナカリケリ（十七）
安楽浄土ニイタルヒト　五濁悪世ニカヘリテハ
釈迦牟尼仏ノゴトクニテ　利益衆生ハキワモナシ（十八）
神力自在ナルコトハ　測量スベキコトゾナキ

不思議ノ徳ヲアツメタリ　無上尊ニ（ヲ）帰命セヨ（十九）

以上の、浄土の菩薩のすがたこそ、往相廻向の果としての「利他円満の妙位、無上涅槃の極果」であり、「如から来生して、報応化、種種の身を示現したもう」如来のはたらきにほかならず、

「大涅槃を証することは、如来の本願のはたらきからあたえられた願力の廻向によってである。還相の利益《りやく》は、如来の利他の正意をあらわすのである」（「証文類」）

と、聖人が申されているところであります。

一六　釈尊の勧め

衆生往生の因果を阿難に対して説きあかされた釈尊は、今度は、弥勒菩薩をはじめ、もろもろの神がみや人びとにむかって勧誡あそばされました。それは、人びとが罪を犯して苦しむことを悲しまれ、生きとし生ける者を浄土にみちびきたいとの、深い大悲のお心からでありました。

釈尊が申されるには、

「無量寿仏の国に生まれた声聞や菩薩たちの功徳がすぐれていることは、いかに称《ほ》めても説きつくせないし、浄土のすぐれた安らかさ、楽しさ、浄《きよ》らかさも、すでに述べたことである。それなのに、なぜ、人びとはひたすらに如来からたまわった善の根本である念仏の功徳を身につけ、本願他力の大道が凡夫のはからいを離れて自《おのずか》ら然《しか》らしめられるところであると信じて、上下貴賤のへだてがない如来の救いにあずかろうとしないのか。よろしく、おのおのが仏法を聞

こうとつとめ、自己自身の問題として心から道を求めるがよい。そうすれば、必ず生死の迷いの世界を超えて安養浄土に往生することができ、順序次第を経ないで横さまに、地獄・餓鬼・畜生・人・天という五悪趣の因果がたち截《き》られ、悪趣への門はおのずと閉ざされて、さとりに昇《のぼ》ることがきわまりないのである。安養浄土へ往生することは、本願のはたらきによるから往《ゆ》きやすいにもかかわらず、仏智の不思議を信じないで自力のはからいに執われている者ばかりであるから、往く人がないといわなければならぬ。安養浄土は、他力廻向の大信心をいただけば、たがうことなく、本願の力にひかれ自《おのずか》ら然《しか》らしめられて生まれることができ、どんな罪人でも廻心すればみな受けいれて下さるのである。どうして、人びとは、世俗のことをふりきって、心の底から仏道を求めようとしないのか。安養浄土に往生すれば、永遠の生命をうけて、いついつまでも楽しみがきわまりないというのに」

一七　三つの毒

釈尊は、このように仰せられてから、むさぼり・いかり・おろかさの三つの毒についていましめられました。

まず、貪欲について、「世間の人びとはあさはかで、生死の一大事を心にかけず、急がなくてもよい世俗の些事《さじ》をあらそっているではないか。はげしい悪とひどい苦しみの世の中にあって、営営とつとめはたらき、それでやっと生計《くらし》を立てているわけであり、尊卑・貧富・長幼・男女の別なく、誰しもが金銭や財産のことが気にかかり、持つ者も持たぬ者も、その有無にかかわらず、憂いや悩みにはかわりがなく、あれこれ立ちまわって歎き苦しみ、思案に思案をかさねつつ、欲望に追われて安堵することがないありさまである」と指摘され、「あればあるにつけ、なければないにつけて思い悩み、一つを得たら一つが足らず、これがあればあれがないという次第で、ついには何もかも平等にととのえたいと考えて、やっとそろえたと思うとすぐになくなり、今度は手に入れようとしても手に入らず、しまいには身も心もつかれはてて、心配の絶え間がなく、泣いたり怒ったりして、ときには、それで命をちぢめることさえあるが、とどのつまりは、独り遠く悪道に趣かなければならないのである。それにもかかわらず、善悪の業報の道理を知らないとは、なんと悲しむべきことであろうか」と痛まれました。

つぎに、瞋恚について、「世間の人びとは、親子・兄弟・夫婦をはじめ家族全体や親類縁者がお互《たがい》に敬い愛しあって憎みねたむことなく、有無あい通じ助けあって貪り惜しむことなく、言葉や顔色をやわらげてさからいそむいてはならぬのが当然であるにもかかわらず、ときには、争いをおこして腹をたてあっている。それがこの世ではほんの些細《ささい》なことであっても、後の世には次第にはげしくなって大きな怨みをのこすことになるのだ。それは、互に傷つけあって、当座は大事に至らなくてもその憤《いきどお》りが心の底にきざみつけられて、後の世にはかたき同士に生まれかわって報復しあうことになるからである」と指摘され、「人は、愛欲のきづなにつながれて生活しているけれども、つまりは、独り生まれ、独り死し、独り去り、独り来るといわなければならぬ。

その人の善悪の業因によって苦楽の果報をうけ、めいめいがその責任を自分自身で負わなければならず、誰も代わることはできないのだ。……遠く他界へ行ってしまうと、どんな親しい者でも、もはやあい見ることはかなわぬのである。善悪の業により自《おの》ずと然《しか》らしめられて果報をうけるのであるから、行く先ははるかに暗く、永久に離ればなれになり、行く道が同じでないから、めぐりあうことのあろうはずはないのである。それなのに、どうして、健康なこの時に、世間の雑事を棄てて、善にはげみ往生を願わないのであろうか。いまこそ、永遠の生命をうけるべき機会であるというのに。人は、なぜ、道を求めないのか。なにをこの世に期待し、どんな楽しみを欲《ほっ》しているのか」と痛まれました。

最後に、愚癡について、「このような世間の人びとは、善を修めて善い報いを得、道（さとりの因）を行じて道（さとりの果）を得ることを信じず、人が死ぬと次の世に生まれかわることや、恵みをほどこすと福を得ることを信じず、すべて善悪の因果の道理を信じないで、そのような道理はないと主張して邪見に固執し、また、こうした誤った考えを互に見習って、親から子へと伝えている。先祖代代このようであるから、因果の道理を自分で見きわめられず、また、誰もそれを教える者がなく、それで、現にさまざまの吉凶禍福をひきおこしているにもかかわらず、そのことを不審に思わないありさまである」と指摘され、「生ある者は必ず死ぬのが道理であり、すべてのものははかなく過ぎさり、なに一つとして永遠にたもつことができないのに、それにもかかわらず、無常の道理を説いても信じる者は少く、ために、生死流転してとどまるときがないのだ。

こうした人びとは、心がおろかで道理にそむき、仏の教を信じず、将来を考えないで目さきだけの快楽を追い、愛欲にまどわされ、道徳をわきまえず、怒りにくるい、財欲や性欲をむさぼり、そのためにさとりが得られず、ふたたび悪道にかえって苦しみがつきず、はてしなくさまよいつづけなければならぬとは、なんと哀れであり、痛ましいことであろうか」と悲まれました。そして、「一家の中で誰かが亡くなると、恩愛のきづなが断ちがたく、日が過ぎ年をかさねてもその悲しみがとけないで、そのため、道を教えても耳をかさず、心を閉ざして愚かな惑いに覆われ、よく考えて心を正しくし、道を行じて、世俗のことを棄てようとの決断ができずにいる。こうして、尊卑・上下・貧富・貴賤にかかわらず、すべての人びとは、世わたりに苦しみ、毒をふくむ恐ろしい思いをいだき、悪に目がくらんでみだりに事をかまえ、天地の理にそむき人倫の心にしたがわず、悪をかさねて行きつくところまで行くと、天寿を全うしないうちに生命を奪われ、悪道に堕ちて、生まれかわり死にかわり、数千億劫というはてしない時をへめぐって浮びあがることができず、その痛ましさは、とても言葉にはあらわせないほど、哀しいことである」と、深い痛みを述べられたのであります。

こうして、大慈悲のお心から、世間の現実のすがたを説かれた釈尊は、弥勒菩薩ともろもろの神がみや人びとに対して、

「わたしは、今そなたたちに世間のありさまを説いた。人びとは、そういうわけでさとりの道に入ることができないのである。そなたらは、よくよく思いはかって、あらゆる悪を遠ざけ、善

をえらんでつとめはげむがよい。

愛欲や栄華は、いつまでもつづくものではない。やがては、別れ離れるべきものである。世の中には、本当に楽しむべきものは何一つとてないのだ。そなたたちは、さいわい仏の世に在《おわ》すのにあうことができたのであるから、つとめはげまなければならぬ。如来のまことをいただいて、心から安楽国に生まれたいと願う者は、明らかな智慧に達し、すぐれた功徳を得るであろう。ゆめゆめ欲望にまかせて仏のいましめにそむき、おくれをとるようなことがあってはならぬ。もし、疑問があって、わたしが説くところが解らないようなら、なにごとでもくわしく問うがよい。つぶさに説き聞かせよう」と、仰せられました。

そこで、弥勒菩薩がうやうやしくひざまづいて申し上げるには、

「……いま、世尊はいつくしみあわれみのお心から、大道を顕示して下さいました。わたしたちは、耳目が明らかに開けて、長く迷いを離れることができました。お説きあそばされたところをうけたまわり、歓喜しないものはございません。……いま、世尊に値《あ》いたてまつり、無量寿仏の声（名号）を聞くことができまして、よろこばない者はございません。心が明るく開けたことでございます」と。

釈尊が仰せられるには、

「弥勒よ、おんみが申すことはそのとおりだ。もし、仏を敬愛する者があれば、それは実に大善のひとである。仏が世に出ることはきわめてまれであるのに、このひとは仏に遇うことができ

たからである。
いま、わたしはこの娑婆世界で仏と作《な》り、経法を説き、道《さとり》の教を宣べひろめて、もろもろの疑いの網を断ち、愛欲の本《もと》を抜き、衆悪の源《みなもと》をふさぎ、あらゆる世界に趣いて自由自在に衆生を教化しているのだ。経典に説かれている智慧は、あらゆるさとりの道の要《かなめ》であり、真理の大綱をとりたもつことがまことに明らかである。これを地獄・餓鬼・畜生・人・天の五悪趣に開き示して、まだ救われていない者を救い、生死のまよいを転じて涅槃のさとりに入らせるのである。

弥勒よ、知るがよい。おんみは、はるかな過去以来、菩薩の行を修めて衆生を救おうと願い、今日まで久しい時をすごしてきた。その間、おんみに従って仏道に入り、涅槃のさとりに至りついた者はかぞえきれない。それにもかかわらず、おんみや十方の神がみと人びと、出家と在家の男女たちは、はるかな過去以来、五悪趣にさすらい、憂《うれ》えたり畏《おそ》れたりしながら苦しみをつづけていて、そのありさまはつぶさには述べることができぬほどである。そして、今の世まで、生死輪廻が絶えなかったのだ。しかるに今、おんみは仏に値い、経法をうけたまわり、無量寿仏の名号を聞くことができた。なんとすばらしいことであろうか。本当によいことといわなければならない。

わたしは、おんみと共によろこびたい。おんみは、今また、自分の生・老・病・死の苦を厭うべきである。この世はみにくくけがれており、楽しむべきものとてない。それゆえ、よろしく自《みずか》ら決断して、身を端《ただ》し行《おこない》を正しくして、ますます善を作《な》し己れの身《み》を修め体《からだ》を潔《きよ》くして、心の垢《あか》を洗い除き、言《ことば》と行《おこない》を忠実に信頼できるようにし、表裏が相応するようにせよ。そして、自分自身が迷いから離れると共に、他の人びとをも救い、ひたすら浄土に往生することを願って、善の本《もと》を積みかさねるがよい。この一生のいとなみが苦しくても、それは束《つか》の間《ま》のことにすぎず、後に無量寿仏の国に生まれて、快《こころよ》く楽しいことはきわまりがないのである。浄土においては、ながく道《さとり》の徳にかなって智慧が明らかで、とこしえに生死の迷いの根本を抜き、むさぼり・いかり・おろかさによる苦悩のうれいがないのだ。その寿命は、一劫であれ、百劫であれ、千万億劫であれ、衆生を救うためには自由自在に意のままにできるのだ。浄土は有無の分別をはなれて空《くう》であり、真理そのものとしてそれ自体、独立して絶対に自由な無為自然《じねん》であり、涅槃さながらの境界である。それゆえ、おんみらはよろしくそれぞれ精進して、しかと心に願うところを求めなさい。せっかく浄土に往生しようと思いつつも、仏智の不思議を疑惑して中途でおもいをひるがえしてやめてしまい、自分自身で過咎《つみとが》をつくって、浄土のかたほとりにある七宝の宮殿に生まれ、五百年のあいだ、そこにとじこめられて厄《わざわい》を受けるようなことがあってはならない」と。

この釈尊のおしえをいただいた弥勒は、

「重ねてねんごろなお教をたまわりました上は、わたくしどもは、もっぱら仏道を修め学び、教のままに奉《つか》え行じて、決して疑いをいだくようなことはございません」

と、お答え申し上げたのでありました。

一八　五つの悪

釈尊は、つづいて、五つの悪について説かれます。

「弥勒よ、おんみらは、よくこの世で心を端《ただ》し意を正しくしてさまざまの悪を犯さぬならば、それはきわめてすぐれた徳といわねばならず、十方世界に全くたぐいがないことである。なぜかというと、他方の諸仏の国ぐにの神がみや人びとのたぐいは、おのずから善を作《な》し、悪を犯すことは大いにまれで、教化することがたやすいからである。

ところで、わたしが今、この五濁悪世である娑婆世界において仏と作《な》り、五つの悪と、その悪のむくいがこの世にあらわれた華報《けほう》としての五つの痛みと、報《むく》いが後の世に実をむすぶ果報《かほう》として身を焼かれるような五焼の苦しみのあふれる中に処するのは、とても骨がおれることであり、はげしい苦しみといわなければならぬ。にもかかわらず、わたしがこうしているのは、生きとし生ける者を教化して、五悪を捨てさせ、五痛を去らせ、五焼を離れさせて、人びとの意《こころ》を改めさせ、五善をたもたせることにより、福徳を得させ、迷いの世をすくい、無量の寿命をさずけ、涅槃のさとりに至らせたいからにほかならぬ」と、告げられて、五つの悪について説かれました。

第一の悪は強者が、弱者をしいたげ、たがいに傷つけあい、殺しあうことであります。

第二の悪は、義理をわきまえず、法度《おきて》にしたがわず、おごりたかぶり、みだらで気ままにめいめいが享楽をこのみ、心にまかせてほしいままに互《たがい》に欺《あざむ》きあい惑《まど》わしあって、心と口とがちがい、ことばにも思いにも実がなく、心がひねくれて誠意がなく、言葉たくみにこびへつらい、賢者をねたみ善人をそしり、罪のない者をわざとおとしいれることであります。為政者が愚昧で下僚の人物を見ぬけないと、下僚は思うがままに策を弄して巧みに悪事をはたらき、周囲の様子にまかせて要領よくたちまわり、善良な人民に損害をあたえるし、下が上をだまし、子が親をだまし、兄弟・夫婦・親戚・知人がたがいにあざむきあうと、家をつぶし身をそこない、親類縁者にまでも累を及ぼすし、あるいは、親戚・知人や同郷の者や近隣の人たちが共同で事業をして、利害関係から怒りを生じ恨みを結ぶこともあります。また、富裕であるにもかかわらず、もの惜みして施さず、財宝に執著して心を労することもあり、あるいは、心が愚かで智慧があさく、善人を見ては憎み、その人を慕い習おうとは思わず、ただ悪事だけをおもい、みだりに法にそむき、つねに盗心をいだいて他人の物をほしいと思い、たまたま手に入れても、すぐに使いはたして、またほしがり、あるいは、自分の心が正しくないので、人の顔色ばかりをうかがい、先のことは考えず、事が起ってから後悔するというありさまが、第二の悪であります。

第三の悪は、つねに邪悪な心をいだいて、みだらなことばかりを考えて煩悶し、愛欲の心がこもごもに乱れて立居ふるまいが安らかでなく、異性に対してあくまでも執念ぶかく思いをとげようとし、美人を見てはながし目をつかってみだらなしぐさをし、自分の妻をきらってかくし女のもとにかよい、そのために家財をつかいはたして、ついには法を犯すにいたることであります。また、徒党を組んで争い、相手を攻め殺しても強奪しようとしたり、あるいは、悪心から他人の財をねらって自分の仕事をなまけ、ひそかに盗みをしてはそれが次第に重なって大事にいたり、ついには恐怖におののきながらも強盗をはたらくに及び、盗んだもので妻子を養ってみだらな楽しみをほしいままにし、あるいは、邪婬のために親族に対してさえ尊卑を顧みずに礼をみだし、家族や親類がそのためにわずらわされて苦しむというありさまが、第三の悪であります。

第四の悪は、善を修めようとはせず、互にそそのかしあって、二枚舌をつかい、悪口をいい、うそをつき、心にもないかざりことばを用いるなどの悪を犯すことであります。他人をそしり傷つけて争いをおこし、善人をねたみ賢者をおとしめ、両親に孝行をせず、恩師や先輩をあなどり、友人の信用を失い、誠実さがなく、尊大にかまえて自分だけが正しいと思いあがり、むやみに威勢をはって人をないがしろにし、自分のあやまちを知らずに悪を犯しても恥じることがなく、おのれの力をほこってはばかるところがないというありさまが、第四の悪であります。

第五の悪は、いたずらに怠りなまけて、善をなさず、身をつつしまず、仕事にはげまないために、家族を飢えや寒さでこまらせて、父母がそれをいさめると腹をたて、まるで怨敵《かたき》に対するのかようで、親もほとほとあきれはて、このような子はいらないと思うほどであります。また、もののやりとりにしまりがなくて人びとに迷惑をかけ、恩にそむき義にたがって報いつぐなう気持がなく、それでますます貧乏になり二度と立ちあがることができず、あるいは、利益を独占しようとして他人のものまで奪い、ほしいままに散財し、それが習性になって、不当に得たものをわが身のおごりに費やし、飲酒にふけり美食をこのんで節度がなく、わがままだらけで人と衝突し、相手の身になってその気持をくむことができず、無理に人をおさえつけようとし、人の善を見ては憎みねたんでそれをけなし、義理もなければ礼儀もなく、反省もなければ人にはばかるということもなく、それでいて自分だけは正しいとうぬぼれているから誰のいさめも聞かず、家計がどうなろうともいささかも気をくばらず、父母の恩を思わず、師友の義をわきまえず、心にはつねに悪を念《おも》い、口にはつねに悪を言い、身にはつねに悪を行って、かつて一善すらしたことはなく、聖者や諸仏の教を信じず、仏道を行じて迷いを離れることを信じず、人が死ぬと次の世に生まれかわることを信じず、因果応報の理を信じないで、心のうちでは、聖者を殺し、教団の和合をみだし、父母や兄弟など親族を害しようとさえ考えているので、こんな奴は死んでくれればよいと親戚縁者にまで憎まれるていたらくです。そしてまた、愚かで心がくらいにもかかわらず自分では智慧があるかのように思いこみ、人がどういうわけでこの世に生まれることができたのか、死ねばどこへ行くかも知らず、他人《ひと》になさけをかけることがなく、長上《めうえ》にしたがわず、天地の道理にさからいながら僥倖《こぼれざいわい》をねがい、いつまでも長生きできるつもりでおり、それを気の毒に思って生死・善悪の因果の道理の必然性を説き聞かせても信じようとはせず、かたくなに心をとざしているありさまで、これが第五の悪であります。

釈尊は、こうした五つの悪をつぶさにお説きになり、「このようであるから、はてしなく三塗《ず》の苦しみをうけて、それをのがれる期《とき》がなく、さとりを得ることができず、痛ましいかぎりである。その苦しみはといえば、大火で身を焼かれるのにも喩えられよう。人が、よくこのような五悪・五痛・五焼の中において、一心に意《こころ》を制し、身を端《ただ》し、行を正しくして、ひとり、諸善を作《な》し衆悪をつくらなければ、その身は迷いを脱して、福徳を得、世俗から救われ、天界にのぼり、泥洹《ないおん》（涅槃《ねはん》）の道を獲られよう」と仰せられ、さらに、弥勒に告げたもうには、

「いま、わたしがおんみらに語ったように、世の人びとは五悪のために苦しみ、その結果、この世では五痛の華報を、また、後の世には五焼の果報をうけ、それがめぐりめぐってはてしなく、たがいに因となり果となってあい生じている。人びとは、衆悪をつくって善本を修めないから、因果の道理にしたがって、ひとりでに悪い境界に趣くのである。この世で不治の病にかかり、死んでしまいたいと思っても死ぬこともならず、長生きしたいと思っても生きることもできず、罪悪のむくいをまのあたり人びとの前にさらし、寿命がつきると、その行業にしたがって、地獄・餓鬼・畜生の三悪道に堕《お》ち、はかり知られぬ苦毒をなめ、われとわが身を焼きこがさなければならないのだ。

こうして、久しい時を経て後、ふたたび人間界に生まれることができても、また、たがいに怨みを結びあって、つまらぬことから大悪を犯すことになる。それは、財欲や性欲をむさぼり、人にほどこす心がないからである。人びとは、愚かな欲望にせまられて自分勝手に心のままに考え、煩悩にしばられて解放されることがなく、自分本位に利をあらそい、おのれを省みてたしなもうとはせず、富み栄えているときには、ほしいままに歓楽にふけり耐えしのぶことができず、善を修めないから、やがては威勢をほこった者も落ちぶれてしまい、後の世には、一層はげしい苦しみを受けるにいたるのだ。

業道の網は天地にもれなくはりめぐらされていて、犯した罪をもらさずとらえて糺《ただ》すから、罪を犯した者は、独りおののきながらその網にかかって報いをうけなければならない。古今を通じてこのありさまである。なんと痛ましいかぎりではないか。……

諸仏はみな、これを哀んで、威神力《おおみちから》をもって悪をくじき善につかせようとあそばされる。この説法の聴衆も、また、後の世にこの経法を聞く者も、仏の教をうけたまわってよくよくおもいはかり、さとりの境界を求めて生死《しょうじ》衆苦の本《もと》を断ち、三塗のはかりしれぬ憂《うれ》いや畏《おそ》れや苦痛を離れるがよい」

と示されて、人びとに、布施・持戒・忍辱・精進・禅定・智慧の六波羅蜜《はらみつ》をすすめたまい、この娑婆世界において*八斎戒を一日一夜たもつなら、それは無量寿仏の国で百年のあいだ善を修めるのにもまさり、この娑婆世界で善を十日十夜修めると、それは他方の諸仏の国で千年のあいだ善を修めるよりもすぐれていると仰せられました。その理由は、無量寿仏の浄土は無為自然の境界で、おのずと衆善を積むことができ、毛すじほどの悪もないからであり、他方の諸仏の国土は、善人が多く悪人は少くて、福徳が自然にそなわり、悪をつくることがない境界であるからで、それに比して、この娑婆世界は、悪がはびこり自然の福徳がなく、苦労して欲するものを求め、互にだましあって心身ともに疲れはて、苦を飲み毒を食《くら》うというありさまで、いつもあくせくして、少しの間もやすまるときがないからだ、と申されたのであります。

＊八斎戒（一四九頁参照）

このように仰せられてから、釈尊は、

「わたしは、おんみら世の人びとを哀れんで、ねんごろに教えさとして善を修めさせ、相手の器量に応じてみちびき、法を説きあたえるものである。それで、これを信じて行じない者はなく、すべての衆生に願いどおりに仏道を得させるのだ。仏が、衆生を済度するために遊行《ゆぎょう》すると、その通るところは、国も邑《むら》も聚落も、教化のめぐみを蒙《こうむ》らぬ所とてない。天下は和順し、日月は清く明るく、風雨は時を得てほどよく、もろもろの災いは起らない。国は富み民は安らかで、軍隊や武器の用がなく、人びとは徳を崇め仁を興し、つとめて礼儀を重んじゆずりあうのである」

「わたしが、おんみら世の人びとを哀れむことは、父母が子を念《おも》うよりも、なお切《せつ》なものがある。それゆえ、わたしはこの世界で仏と作《な》り、五悪を降《くだ》し、五痛を除き、五焼を滅して、善をもって悪を攻め、生死の苦を抜き、五善の徳を得させて、無為涅槃の安らかな境地に昇らせるのである。わたしがこの世を去った後には、教法が次第に滅びゆき、人びとは偽りが多く、ふたたび衆悪を犯して、五痛五焼の苦しみを受けることが以前と同様になり、さらには、それが一層はげしくなるであろう。そのさまを一一くわしく説くことはできぬが、今はただ、おんみらのために略して説いたまでである」

「おんみらは、めいめいによくこれを思い、たがいに教え誡めあって、仏の教法を正しくたもち決してこれにそむくようなことがあってはならない」

それをうけたまわり、弥勒菩薩は合掌して仏を礼拝し、重ねがさねのみ誨《おし》えに決してそむきはいたしませんと、お約束申し上げたことでありました。

一九　霊山の見土

釈尊は、深い大悲のお心から弥勒菩薩らにねんごろに教誨されたあと、阿難にむかって申されるには、

「阿難よ、そなたは起《た》って衣服をととのえ、合掌してうやうやしく無量寿仏を礼拝したてまつるがよい。十方の国土におわす諸仏如来はみなことごとく、つねに共に、無量寿仏の、執着をはなれ何ものにもさまたげられぬ智慧の徳を、称揚し讃歎したもうのである」

そこで、阿難は、仰せどおりに座から起ち、衣服をととのえ身をただして、西方に向い合掌し、五体を地に投じて、無量寿仏をうやうやしく礼拝してから、「無量寿仏と、安楽浄土と、浄土の聖衆を、まのあたり拝見させて頂ければ」と、釈尊におねがいしました。

すると、耆闍崛山（霊鷲山）の説法の場に、たちまちに大光明を放って無量寿仏がお姿をあらわされ、その光明はすべての諸仏の国のすみずみまでくまなく照したまわれました。その光景は、実に、世界をめぐる鉄囲山や、世界の中心にある須弥山《しゅみせん》、そのほか大小すべての山やまが金色にかがやいて、あたかも世の終りの洪水がすべてのものを沈めつくすがごとく、無量寿仏の大光明は宇宙のはてまでもみなぎり、他のいかなる光明もかげをかくして、ただ大光明だけが輝きわたりました。そして、阿難ばかりではなく、この説法の会座《えざ》につらなるすべての者、さらには、安

楽浄土の聖衆もことごとく、その威徳のけだかさが須弥山にもたとえられるべき無量寿仏を、まのあたりに拝むことができたのでございます。

そのとき、釈尊は、阿難と慈氏（弥勒）菩薩にたずねられました。

「おんみらは、大地から天界に至るまで、すぐれてうるわしく浄らかなありさまの、すべてを拝見したか」

「無量寿仏が大音声《おんじょう》をひびかせたまい、あらゆる世界に法を説いて衆生を教化あそばされるのをうけたまわったか」

「浄土に在《お》わす人びとが、高さが百千由旬*もある宮殿におりながら、何のさわりもなしに十方の世界に赴いて諸仏を供養したてまつるさまを拝見したか」

そのおたずねに、「仰せのとおりでございます。すべてを見聞させて頂きました」とお答えすると、

「それでは、かの浄土の人びとのうちに、胎生**の者がいるのに気づいたか」

「はいそれも拝見いたしました。胎生《たいしょう》の人たちがいる宮殿は、あるいは百由旬、あるいは五百由旬という高さであり、まるで忉利天***と同様の楽しみをうけていました」

* 由旬は距離の単位。一三二頁参照。

** 生物の発生の仕方には、母胎から生まれる胎生、卵殻から生まれる卵生、湿気からわき出る湿生、他に托するものがあって生じるのではなくそれ自身の業力《ごうりき》によって忽然と生じる化生《けしょう》があるとする。

ここでは、次章に述べるような譬喩的な意味でいわれている。
＊＊＊　忉利天は、欲界六天の第二で、須弥山の山頂にあるとされる神がみの世界。

二〇　胎生と化生

「浄土には、どのような因、どのような縁により、その住民に胎生と化生《けしょう》という別があるのでございましょうか」

「もし、人びとのなかに、仏智の不思議を疑惑する心をいだきながら、もろもろの功徳を修めて浄土に生まれたいと願う者があれば、それは、無量寿仏の智慧、つまり、心に思いはかることもことばで議することもできぬ不思議智、かぞえはかることができぬ不可称智、すべての法門を知りつくし生きとし生ける者をさとりに導く広大な大乗広智、何ものにもくらべがたい最もすぐれた無等無倫最上勝智を疑って、それがこころもことばも及ばぬ、思議を絶していることを信じないにもかかわらず、因果の道理だけは信じ、悪業によっては罪の報いを、善業によっては福の報いをうけると思って、善のもととなる因本を修め習い、〔そうした諸善万行や自力の念仏を因として〕、浄土に生まれようとする者である。このような胎生の者は、〔そなたがさきに見たように〕、浄土に生まれても、五百年のあいだ宮殿に閉じこめられて、その間はまったく仏にお目にかかることができず、教法を聞くこともできず、浄土の聖衆にあうこともできない。つまり、浄土に生まれたとはいえ、蓮華のつぼみに包まれて浄土のうるわしいすがたを拝見することができず、あたかも胎児が母胎の中においては外界を見聞できぬのに喩えられる。それで、胎生と名づけるのだ。

これに反して、仏智・不思議智・不可称智・大乗広智・無等無倫最上勝智を信じ、あらゆる功徳を身につけて、〔つまり、善の根本、徳の根本である本願の名号のいわれを聞いて念仏申そうと思いたつ心がおこり、如来から廻向された信心を身につけて〕、往生を願う人びとは、わが国に生まれようと欲《おも》えとの勅命のままに、自力の心をひるがえして、〔本願力の自然《じねん》のはたらきにより〕、七宝でかざられた蓮華の中に、両脚を組んだ結跏趺坐《けっかふざ》の姿勢をして、おのずとたちまちに生まれることができ、その身相や光明、智慧や功徳は、すでに浄土におられた菩薩がたと全く同じで、すべてが欠け目なくそなわる。〔これを化生というのである〕。

また、慈氏（弥勒）よ。他方の諸仏の国ぐににおわすもろもろの大菩薩がたが、願生心をおこして無量寿仏を拝しまつり、浄土の聖衆にうやうやしく仕えるならば、それらの菩薩たちは、その国土での寿命が尽きると無量寿仏の浄土に生まれることができ、七宝の蓮華の中に化生することはまちがいがない。

弥勒よ、よく知るがよい。それは、このような化生の者は、智慧がすぐれているからである。〔これに反して、さきに述べた〕胎生の人びとは、みな智慧がないから、五百年のあいだ〔胎宮にとどまり〕、仏にお目にかかることができず、説法をうけたまわることができず、菩薩や声聞がたにも会うことができず、仏を供養したてまつるすべもなく、日日に菩薩が行ずる仏法の儀式を知らず、功徳を修め習うことができないのである。よく知るがよい。このような〔胎生の〕者は、過去の世において、智慧がなく、仏智を疑惑したので、その結果、このようになったのである。……

たとえば、転輪聖王が、その王宮の中に、七宝でかざりつけ、とばりを設け、はたをかけたすばらしい部屋を特別にしつらえて、小さな王子たちがいたずらをすると、罰としてその部屋に金の鎖でつなぎとめ、食事や衣服・寝具、また、華や香や演劇・音楽に関するかぎり、王と全く同じような待遇をしたとしても、王子たちはそれに満足して部屋にとどまろうと思うだろうか」

「いいえ、王子たちは、さまざまなてだてをめぐらし、あらゆる力をふりしぼって、なんとか自分で脱出したいと考えるでありましょう」

「胎生の人びとは、ちょうど、この王子たちのようである。仏智を疑惑して信じないから、胎宮に生まれるのだ。その宮殿には、刑罰はなく、好ましくないことはちりほどもないが、ただ、五百年のあいだ、仏・法・僧の三宝にあうことができず、三宝を供養してあらゆる善のもと〔因本〕を修めることができぬのが苦しみである。〔仏道を求める者にとって、それ以上の苦しみはなく〕、ほかにどのような楽しみがあろうとも、そのような場所にとどまりたいとはねがうまい。もし、この人が、〔仏智を疑惑するという〕根本の罪をみとめて、その責《せめ》を悔い、このような疑城胎宮から離れたいと求めるなら、即時に意のままに無量寿仏のみもとにお詣りして、うやうやしくお仕えすることができよう。また、あまねく数かぎりないあらゆる諸仏のみもとに至り、もろもろの功徳を修めることができよう。

弥勒よ、よく知るがよい。大乗の仏道を修める者にとって、疑惑をおこすのは、最大のめぐみを失うことといわなければならぬ。だから、いま、まさに明らかに諸仏無上の智慧を信じなさい」と。

他力廻向の大信心を因として真実報土に往生するのを化生といい、疑心自力の者がおのれの善根を因として方便化土にとどまるのを胎生というのであります。

仏智不思議ヲ信ズレバ　正定聚ニコソ住シケレ
化生ノ人ハ智慧スグレ　無上覚オゾサトリケル（「正像末法和讃」四十六）

不思議ノ仏智ヲ信ズルヲ　報土ノ因トシタマヘリ
信心ノ正因ウルコトハ　カタキガナカニナホカタシ（四十七）

といい、

安楽浄土ヲネガヒツツ　他力ノ信ヲエヌヒトハ
仏智不思議ヲウタガヒテ　辺地懈慢ニトマルナリ（「大経意」十七）

とも、

仏智ノ不思議ヲ疑惑シテ　罪福信ジ善本ヲ
修シテ浄土ヲネガフオバ　胎生トイフトトキタマフ（「愚禿述懐」十九、文明版二十二）

仏智ウタガフツミフカシ　コノ心オモヒシルナラバ

クユルココロヲムネトシテ　仏智ノ不思議ヲタノムベシ（同二十、文明版二十三）

とも、聖人が讃詠されているところであります。

二一　浄土に生まれる菩薩たち

胎生・化生のお示しをうかがった弥勒菩薩が、

「それでは、この娑婆世界からは、どれだけの菩薩がたが不退の位を得て浄土に往生するのでしょうか」

とおたずねしますと、釈尊が仰せられるには、

「この〔娑婆〕世界には、六十七億の不退の菩薩がおり、彼の国に往生することができよう。それらの菩薩は、すでに昔から無数の諸仏にお仕えしてきたすぐれた者であり、〔一生補処の位にあるそなたと同様に〕、次いで弥勒のごとき菩薩である。〔このような大菩薩だけではなく〕、小行の菩薩や少善根を修習する者にいたっては、その数はかぞえつくすことができず、これらの者も〔ついには自力の心をひるがえして〕、未来にはきっと往生をとげるであろう」と。

そして、たとえば、遠照仏の世界からは百八十億の菩薩が、宝蔵仏の世界からは九十億の菩薩が、無量音仏の世界からは二百二十億の菩薩が、甘露味仏の世界からは二百五十億の菩薩が、竜勝仏の世界からは十四億の菩薩が、勝力仏の世界からは万四千の菩薩が、師子仏の世界からは五百億の菩薩が、離垢光仏の世界からは八十億の菩薩が、徳首仏の世界からは六十億の菩薩が、妙

徳山仏の世界からは六十億の菩薩が、人王仏の世界からは十億の菩薩が、無上華仏の世界からは無数不可称計というかぞえきれぬ数の菩薩が、無畏仏の世界からは七百九十億の大菩薩とかぞえきれない小菩薩や比丘たちが、それぞれ往生をとげるであろうように、十方の世界、無量の仏国から、無量寿仏の安養浄土に往生する者はかぞえきれず、一劫の長きにわたって昼夜をわかず説いても、それを説きつくすことはできない、と申されたのでありました。

以上で、『経』の正宗分（本論）が終ります。

二三　弥勒への付属

『経』の本論を説きおえたあと、釈尊は、弥勒菩薩に、

「さて、かの仏の本願の名号を聞くことができて、信心のよろこびに天におどり地におどり、せめて一声でも無量寿仏の名号を称《とな》えるとしよう。まさに知るがよい。この人は、〔無上涅槃をさとるという〕大きなめぐみをいただくのである。すなわち、〔如来の本願を信じ、念仏申そうと思いたつ身になると、自《おの》ずと然《しか》らしめられる如来の本願力の法則のままに、しらずしらずに〕、この上ない功徳を欠けめなくそなえることになるのである」

と仰せられました。『経』に、

「其有得聞彼仏名号、歓喜踊躍、乃至一念。当知、此人為得大利、則是具足無上功徳。」

と説かれているところです。そして、親鸞聖人は、この「乃至一念」の語を、「行の一念」を意

味すると解釈されたのであります。

すなわち、さきに述べたように、第十八願成就文にみえる「聞其名号、信心歓喜、乃至一念」を「信の一念」とし、一念とは、信心が開きおこされる初めての瞬間であり、信心の内景が思いはかることのできない広大なよろこびの心であることを意味するのに対して、いま弥勒菩薩に付属された「乃至一念」は、

「称名の偏数について、選択易行の至極を顕開するものである」（『行文類』）

として、いわゆる「行の一念」とみられたのでありました。この聖人の領解を、いささか煩瑣になりますが、『一念多念文意』によってうかがいますと、

(1)「其有得聞彼仏名号」というのは、「本願の名号を信ずべし」とお説き下された、釈尊の仰せ（御のり）である。

(2)「歓喜踊躍乃至一念」というのは、

(ア)「歓喜」は、「うべきことをえてむずと、さきだちてかねてよろこぶこころ」である。

(イ)「踊」は「天におどる」こと、「躍」は「地におどる」ことで、「よろこぶこころのきわまりなきかたち」である。それは、「慶楽《きょうらく》」するありさまをあらわすもので、「慶」とは、「うべきことをえて、のちによろこぶこころ」であり、「楽」とは、「たのしむこころ」を意味し、「正定聚のくらゐをうるかたち」をあらわす。

(ウ)「乃至」は、「称名の偏数のさだまりなきこと」、つまり、名号を称《とな》える数は、一返だけで

よいとか、数多くなければならぬとかいうのではなく、その多少を問わない。

(エ)「一念」は、「功徳のきわまり」であり、一声となえる称名の「一念」に、あらゆる徳がことごとくそなわり、すべての善がみなおさまる。

(3)「当知此人」というのは、「信心のひと」をあらわす、釈尊の仰せである。

(4)「為得大利」というのは、「無上涅槃をさとるから、大利を得る」のをいう。

(5)それを、「則是具足無上功徳」とも仰せられるのである。

「則」は、「すなわち」、「のり」という語である。如来の本願を信じて一声称名するとき、「かならずもとめざるに無上功徳をえしめ、しらざるに広大の利益をうる」ことを意味する。「則」は、「自然《じねん》にさまざまのさとりをすなわちひらく法則」を意味する。「法則」とは、「はじめて行者のはからひにあらず、もとより不可思議の利益にあづかること、自然のありさまとまふすことをしらしむるを法則とはいふ」のである。(左訓――「法則」は「ことのさだまりたるありさまをいふこころ」)。「一念信心をうるひとのありさまの自然なることをあらわす」のを「法則」というのである。

つまり、第十八願に「至心・信楽・欲生」と誓われた如来の三心を「真実信心」の一心に領受するその瞬間が、成就文の「乃至一念」であり、その一念は「広大難思の慶心」として、本願に誓われた「乃至十念」に憶念せられ、称名の一声一声に生涯にわたって相続されるのであります。すなわち、「信の一念」の反覆が、つねに初《はつ》ごと、初ごととして、一声の称名から生涯にわたる多念の称名に憶念相続されるといえましょう。この称名念仏の行を弥勒菩薩に付嘱して後の世までも永く伝えさせたいとのお思召しが、釈尊のご意図であるとうかがわれます。行と信との関係については、教義学の上ではいろいろな学説がありますが、聖人の在世の頃からすでに問題となっており、これについては、専修寺に伝持する覚信房あての聖人自筆のご消息に、信の一念と行の一念とは二つではあるが、信をはなれた行もなく、行の一念をはなれた信の一念もなく、これはみな弥陀の御ちかいを申すのであるとこころえよ、として、「行と信とは御ちかいを申すなり」と語られていることに注目しなければなりません（同文書簡は『末灯鈔』十一にも所収）。また、さきにふれた『一念多念文意』に、「行」の意義をあらわすにあたって、「自然にさまざまのさとりをすなわちひらく法則」といわれていることも注意すべきでありましょう。

釈尊が、「乃至一念」の行をお示しになって申されるには、

「だから、弥勒よ。たとい、三千大千世界に大火が充満していようとも、それをくぐりぬけて〔法を求め〕、経に説くところの真理を聞いてよろこび信じ、経法を受持し読誦して、それに説かれているとおりに行じなければならない。なぜかというと、多くの菩薩たちが、真実の経法を聞こうとねがっても、うけたまわることはなかなかできぬからである。もし、〔たまたま遇いがたい強縁《ごうえん》にめぐまれて〕、この経法を聞く身とさせて頂ければ、その人は、この上ないさとりの道において退転することがない。だから、心を専らにして信受し、身にたもち、誦《そら》んじ、説きひろめ、そのとおりに実践しなければならぬ」

「わたしは、いま、もろもろの生きとし生ける者のために、この経法を説いて、無量寿仏とその国土のすべてのありさまを拝見させたのである。それでもなお不審があれば、いますべてを問うておくがよい。わたしが入滅したあとで、疑惑をおこすようなことがあってはならぬ。これから後の、末の世に、もろもろの経典に説かれている道が教どおりに行われなくなり、ついに実践する者がなくて教までが滅んでしまうであろうけれども、わたしは大悲の心から、仏法が滅した後の世の人びとを哀しみあわれんで、特にこの『大無量寿経』だけは、なお、その教を百年とどめておこう。そして、この経に説く真実の教に値《あ》う者は、みな願いのままに迷いを離れてさとることができよう」

「如来がこの世にお出ましになって法を説くのにめぐりあうことはめったになく、如来にお目にかかって法をうけたまわることはまれであり、値《あ》いがたく見たてまつりがたいことである。もろもろの仏がたが説きたもう教法をいただくことはかたく、聞きたてまつることもむずかしい。菩薩がいそしむすぐれた教法、さとりに至るための実践の道を聞くことができるのも、またむずかしい。よき指導者である善知識にめぐり遇《あ》い、法を聞いてそのとおりに行ずることも、またむずかしい。ましてや、もし、この『無量寿経』の法を聞き、信じよろこんで受けたもつことができようなら、それこそ難中の難ともいうべく、これに過ぎたむずかしさはない。それゆえ、わたしがさとった法のとおりに、このように仏と作《な》り、このように説き、このように教えるのである。さあ、まさにいついつまでも、信じ順《したが》って、法のとおりに実践しなさい」

釈尊は、このようにねんごろに、弥勒菩薩に真実の教法を付属して、遠く末の世までも伝えるように托されたのでありました。

如来ノ興世アヒガタク　諸仏ノ経道キキガタシ
菩薩ノ勝法キクコトモ　無量劫ニモマレラナリ（『大経意』十八）
善知識ニアフコトモ　ヲシフルコトモマタカタシ
ヨクキクコトモカタケレバ　＊行ズルコトモナホカタシ（十九）
一代諸教ノ信ヨリモ　弘願ノ信楽ナホカタシ
難中之難トトキタマヒ　無過此難トノベタマフ（二十）

＊文明版には「信ズルコト」とする。経文からすると「行ズル」が原意であるが、「信ズル」もまた味わい深いと思われます。

二三　むすび

釈尊が、この『経』を説きおわられますと、無量の衆生がみな、この上ないさとりを求める心をおこしたのでした。その中、一万二千那由他の人びとが預流《よる》果（小乗の聖者の第一段階）に入って真理を見るきよらかな清浄法眼をひらき、二十二億の神がみや人びとが二度と欲界にはもどらぬ阿那含《あなごん》果（不還果、小乗の聖者の第三段階）を得、八十万の比丘が煩悩を滅し尽して阿羅漢果（小乗の聖者の第四段階、学ぶべきものがない最高の位）をさとり、四十億の菩薩が不退の位に達して衆生を救う弘誓をたて、功徳を積んで自らを荘厳し、将来の世に仏果をさとるべき身となったのです。

そのとき、三千大千世界はうち震《ふる》い、大光明があまねく十方の国土を照らし、百千の音楽がおのずと奏《かな》でられ、量《はか》りしれぬ妙なる花びらが天からふりそそぎました。説法が終りますと、弥勒菩薩をはじめ、十方の諸仏の国ぐにから来た菩薩がたや、長老阿難らの大声聞、それにその座につらなった大衆は、それぞれにこの尊い説法をうけたまわって、誰一人として歓喜しないものはありませんでした。

念仏成仏コレ真宗　万行諸善コレ仮門
権実真仮ヲワカズシテ　自然ノ浄土ヲエゾシラヌ（「大経意」二十一）

聖道権仮ノ方便（身）ニ　衆生ヒサシクトドマリテ
諸有ニ流転ノミトゾナル　悲願ノ一乗帰命セヨ（二十二）

Ⅲ　仏説観無量寿経

一　浄土教の興起

『観無量寿経』は、王舎城の悲劇を機縁として、無明の闇に閉ざされた、愚かな罪深く悪の重い凡夫のために、如来が浄土を示してお観《み》せ下され、往生の行を顕《あら》わして念仏をすすめられた経典であります。それは「浄土」の救いの事実を、私たちの現実の救いとして、具体的にあきらかにして下さったことであり、これが本経の眼目であるといえましょう。

『教行証文類』の総序に、

「浄邦縁熟して、調達《じょうだつ》、闍世《じゃせ》をして逆害を興ぜしむ。浄業機彰《あら》われて、釈迦、韋提《いだい》をして安養を選ばしめたまえり。斯れ乃《すなわ》ち、権化《ごんけ》の仁《にん》、斉《ひと》しく苦悩の群萠《ぐんもう》を救済《くさい》し、世雄《せおう》の悲、正《まさ》しく逆謗闡提《せんだい》を恵まんと欲《おぼ》す」

〈浄土のご縁が熟して、提婆達多《だいばだった》が阿闍世《あじゃせ》王をして父を殺し母をも害しようとした五逆の重い罪をおこさせ、浄土に往生するための行業を修する機（教化をうける相手）があらわれて、釈迦牟尼仏は、韋提希夫人をして安養浄土を選ばさせたまいました。これはすなわち、如来が凡夫を救う手だてとして仮りに人間の姿をとられて、ひとしく苦しみに悩む生きとし生ける者を救済しようとあそばされたことであり、釈尊の大悲が、まさしく五逆の罪人や正しい真理をそしりないがしろにする者や成仏の因をもたぬ一闡提を恵もうとおぼ

しめされてのことであります＞

と述べられているところであります。

親鸞聖人は、『浄土和讃』に、本経の舞台に登場された方がたを、

阿弥陀如来　観世音菩薩
　　　　　　大勢至菩薩

釈迦牟尼如来　富楼那尊者
　　　　　　　大目犍連
　　　　　　　阿難尊者

頻婆娑羅王　韋提夫人
　　　　　　耆婆大臣
　　　　　　月光大臣

提婆尊者　阿闍世王
　　　　　行雨大臣（雨行大臣）
　　　　　守門者

と列挙されていますが、ここに、まさに「逆謗闡提」の代表ともいうべき提婆達多を「提婆尊者」と仰がれていることは、さきの総序の文にてらして、聖人の『観経』観のあらわれとして大いに注目しなければなりません。また、後に述べるように、本経は凡夫である韋提希夫人の救いを主題としていますが、聖人においては、浄土教は「逆謗闡提」の救いにあり、「信文類」には、『涅槃経』によって、阿闍世の廻心に如来の大悲の憐憫を仰がれており、それは、いわば『観経』の後日譚ともいえるのではないでしょうか。このことについては、『教行証文類』を解説する際に述べたいと思います。

ところで、「浄土」の救いが私たちの救いの現実になるところに本経の眼目があると申しましたが、『大無量寿経』には、法蔵菩薩が世自在王仏のみもとで、二百一十億の諸仏の国土の中から、よいもの、すぐれたものを選びとり、悪いもの、粗末なものを選びすてられ、ここに如来の選択本願が成立したことが説かれています。この、如来の「選択本願」が、いま、本経において、

恩徳広大釈迦如来　韋提夫人ニ勅シテゾ
光台現国ノソノナカニ　安楽世界ヲエラバシム（「観経意」一）

として、韋提その人の上に、宗教的決断として、「選び」となって実現したことは、重視されなければなりません。

『観経』における「選択」について、法然上人の『選択本願念仏集』には、弥陀が念仏者だけを摂取する「選択摂取」、化仏が念仏の徳をたたえて勧める「選択化讃」、釈迦が阿難に名号を付属された「選択付属」を挙げていますが、『愚禿鈔』にはそれをうけて、釈迦如来に「選択功徳」「選択摂取」「選択讃嘆」「選択護念」「選択阿難付属」をあげ、さらに加えて、韋提希夫人に「選択浄土」「選択浄土機」をあげていることも注目すべきでありましょう。

二　翻訳と流伝

『観無量寿経』は、劉宋（四二四〜四五三）の畺良耶舎《きょうりょうやしゃ》が訳した経典であります。畺良耶舎は

西域地方の出身で、元嘉のはじめに建業に来て、鐘山の道林精舎にとどまり、そこで本経を訳出し、のち江陵に還って六十歳で歿した、と伝えられています。

本経の異訳には、同じ頃に曇摩《どんま》密多《みった》が訳した同名のものがあったといわれていますが現存せず、これは別の本があったのではなくて、訳者の伝記の混同によるとみられます。その他、後漢と東晋の代にも翻訳されたといわれていますが現存しません。この経は、梵本もチベット訳も伝わらず、ウイグル文の断簡が大谷探険隊によって発見されましたが、それは漢訳からの再訳であろうといわれています。なお、この経の成立については諸説があり、学者の中には、中央アジアあるいは中国で作られたとみる方もあります。

この『経』は、中国浄土教において重視された経典であり、曇鸞大師（四七六～五四二）が五十一歳のとき菩《ぼ》提《だい》流《る》支《し》から本経を授けられ、それによって浄土門に入ったと伝え、道綽禅師（五六二～六四五）は、石壁の玄中寺において曇鸞の碑文を見て、大業五年（六〇九）にそれまでつづけてきた『涅槃経』の講説をさしおいて浄土教に帰し、その後、生涯にわたり本経を二百回講じたといわれます。その著『安楽集』は本経を中心に浄土教の綱要を説くものです。そして、善導大師（六一三～六八一）によって画期的な注釈書が作られたのでありました。

この経の注釈書には、聖道門の諸師によるものに、浄影寺《じょうようじ》の慧遠《えおん》（五二三～五九二）の『義疏』二巻や、嘉祥大師吉蔵（五四九～六二三）の『義疏』一巻、また、天台大師智顗《ちぎ》（五三八～五九七）に仮託された『疏』一巻などがありますが、慧遠や吉蔵らは、本経は聖者のために説かれた観仏三昧を明かす経典であり、凡夫の往生が語られていても、それは方便の説にすぎないとみています。これに対して、唐の貞観（六二七〜六五〇）の頃、迦才が『浄土論』を著わして、本経を「本は凡夫のためで、兼ねて聖人のため」の教であるとしたのでした。

善導大師は、古今楷定《ここんかいじょう》、つまり、過去や現在の諸師の解釈を批判して本経の正しい意味をさだめようとして『観経四帖疏』を著わされました。楷定疏とも証定疏《しょうじょうしょ》とも呼ばれます。証定とは、弥陀の化身である聖僧の証明を請うて正義をさだめたとの意です。『四帖疏』によりますと、この経の宗（主旨）には、観仏三昧と念仏三昧のと両宗があるが、その眼目は、本経の下品下生に、一生造悪の凡夫が臨終に称《とな》える十念の念仏で救われると説く「称名念仏」にあり、『大無量寿経』の第十八願に誓われている「乃至十念」とは、上は一生涯から下は十声・一声に至るまで称名念仏する者を救おうとの願であると解したのでした。そして、後に詳しく述べるように、本経には十六の観法が説かれいるのですが、諸師が、十六観はいずれも精神を統一集注して仏と浄土の相を観ずる「定善」の観法であると解したのに対して、善導は、十六観のうち、前十三観は「定善」であるが、後三観は、日常の散り乱れた心のままで修する「散善」を説くものとし、前十三観は韋提希夫人の請にこたえて説かれたものであるが、後三観は釈尊が自ら如来の本願の真の意図をあらわすために開きあらわされたものであると釈したのであります。その他、本経に説かれている仏身仏土を、諸師は応化の身土であるとしたのに対して、これを報身報土とさだめ、凡夫が報土に往生できるとし、念仏には願だけがあって行がないとする通論家の批判に対しては、「南無阿弥陀仏」の六字を解釈して願と行とを具足しているとするなど、独自の説を展開しました。

源信和尚（九四二〜一〇一七）の『往生要集』には、本経とその諸註釈が引用されていますが、とくに善導の疏だけを重んじたようにはみえません。しかし、法然上人（一一三三〜一二一二）は、「偏《ひとえ》に善導一師に依《よ》る」という立場にたち、『四帖疏』の説を中心に専修念仏を主張して、浄土宗を開かれたのでありました。なお、親鸞聖人には、本経を書写して、主として『四帖疏』により註を加えた『観無量寿経註（集註）』があり、吉水における修学時代のものと推定されていて、自筆本が西本願寺に、存覚の転写本が専修寺に伝わっています。また、聖人は『教行証文類』には、本経を隠顕の両義で解釈されていますが、このことはあとで述べましょう。

三　王舎城の悲劇

釈尊が、王舎城の近く、耆《ぎ》闍崛山《じゃくっせん》（霊鷲山）におられたときのことでございます。千二百五十人の修行者たちと、文殊菩薩を上首とする三万二千の菩薩がたが集まっておられました。

そのとき、王舎城を首都とするマガダ国は頻婆《びんば》娑羅《しゃら》王が治めていましたが、太子の阿闍世が悪友の提婆達多にそそのかされて、早く王位に即きたいばかりに、父である王を幽閉するという事件が起ったのです。王は、食事もあたえられず、餓死をまつばかりでしたので、それを悲んだ王妃の韋提希夫人は、体をきよめてバターと蜜とで練りあわせた麨（はったい粉のようなもの）を身に塗り、装身具の中にぶどうのジュースをつめて、ひそかに王をたずね、それをさし上げました。

それをいただき終った王は、口をすすぎ、はるかに耆闍崛山におわす釈尊を礼拝し、

「仏弟子の大目犍連（目連）は、わたしの親友でございます。仏のいつくしみのお心によって、この私のもとに目連をつかわして、＊八戒をお授け下さるよう、おねがい申し上げます」と。

＊ 八斎戒（二四九頁参照）

王のねがいにこたえて、そのことを目連に命じたもうと、目連ははやぶさのように王のもとに飛んできて、八戒を授けました。釈尊はまた、説法にたくみな富楼那《ふるな》をつかわして、王のために法を説かせたのでした。このような毎日がつづき、やがて三週間が経つと、王は体力も気力もととのい、顔色はおだやかになり、心はよろこびにあふれるようになりました。

いぶかしんだ阿闍世が、門番に、「父はまだ生きているのか」と問うと、門番は事の次第を報告したので、かっとして、

「母は賊だ。賊に味方している。沙門（出家の修行者）は悪人だ。妖術をつかって悪王をいつまでも生かしている」

そう叫んで、剣をぬいて母の韋提希を害しようとしたのです。

怒りくるう阿闍世の前に、道理に明るく分別に富んだ月光《がっこう》が、名医のほまれの高い耆婆《ぎば》と共に進みでて、ねんごろに申し上げるには、

「大王！　それはなりませぬ。ヴェーダの聖典に、太古からさまざまの悪王がおり、王位を奪うためにその父を殺害した例は、一万八千人もある、と書かれています。けれど、無道にも母を

害しようとしたためしは全くありません。いま、もし、そのようなことをなさるなら、あなたは王族の名誉をけがす者です。聞くに忍びません。それは低いカースト*に属する者ともいうべきで、ここに住まわせておくわけにはまいりません」

＊　古代インドではカーストによる差別が行われていましたが、ブッダは「四姓が海に入れば一味である」と、差別を否定して人間の尊厳を説かれました。

二人の大臣がそう言って、剣のつかをおさえて身構えつつ、あとずさりしながら退去しようとしたものですから、阿闍世は驚き怖れふためいて、

「耆婆よ、私に味方をしないのか」

とロばしります。耆婆が申すには、

「大王、どうか慎んでおん母君を害したてまつることなかれ」と。

これを聞いた阿闍世は、罪を悔い、今後も補佐してくれるようにと助力を求め、ただちに剣をなげ捨てました。そして、宮内官に命じて、母を宮殿奥深くに軟禁したのであります。

ところで、この悲劇のことのおこりを、『観経』には「調達（提婆達多）という悪友の教に随順して」とだけしか述べていませんが、『涅槃経』には、つぎのようにその因縁がつぶさに説かれています。

すなわち、阿闍世は名を善見というのですが、世の人たちはアジャータシャトル（未生怨）と呼びました。それは父の頻婆娑羅王が仙人を殺害したむくいによるといわれます。王は、子がな

いことを憂えていたところ、「毘富羅山に住む仙人が、その死後、王の太子として生まれかわる」という予言を聞いたので、一日も早く王子ほしさのあまりに、仙人が亡くなるのをまたずに殺してしまったところ、たしかに王子は生まれましたが、その仙人の怨《うら》みが、「未だ生まれない以前からの怨み」としてのこったというのです。また、阿闍世の誕生に際して、人相見にみせたところ、「この子は、のちに父を殺す相がある」といわれたので、それでは折角生まれたが殺した方が無難だと考えて、高楼《たかどの》から落とさせたのでしたが、指を折っただけで助かったことから、婆《ば》羅《ら》留《る》支《し》（折指）と呼ぶようになったとも伝えられます。しかし、南方仏教の伝承には、阿闍世の指に関して、彼が幼い頃に指に腫《は》れものができ、その痛さに泣きさけんでいたときに、父王がその膿《うみ》を吸ってやり、吐きだすところがなかったので呑みこんだという、父の慈愛の物語があることを付記しておきましょう。

四　韋提希の致請

後宮に幽閉され、憂いにやつれた韋提希夫人は、ある日、

「世尊よ。あなたは、以前にはよく阿難さまをおつかわしになって、私の心に平安をあたえて下さいました。いま、私は悲しみをこらえきれませぬが、畏れ多くて、世尊にお目にかかろうにも、そのよすがとてございませぬ。どうか、せめて目連と阿難のお二方に会わせて頂きとう存じます」

と念じますと、韋提希のあわれな心根《こころね》をしろしめされた釈尊は、彼女がまだ頭をあげぬうちに、すぐさま空中から目連と阿難とをつかわされ、ご自身もまた、王宮にお姿をあらわされたのでございます。おん身は紫金色にかがやき、百宝の蓮華の上に坐られて、左には目連、右には阿難がかしづき、虚空からは、神がみが天華をふらせて供養していました。

彼女はそのお姿を拝見するなり、胸かざりをひきちぎり、五体を大地になげうって、号泣したのです。

「世尊！ 私は、過去に何の罪があって、このような子供を生んだのでしょうか。世尊は、どんな因縁で、提婆達多といとこ同士なのでしょうか」

韋提希は気をとりみだしてかきくどきましたが、やがて心をとりなおし、懺悔して、

「世尊よ。なにとぞこの私に憂いや悩みのない世界をお教え下さいませ。そのような国に生まれとう存じます。濁《にご》りと悪に満ちているこの娑婆世界には住みたくございません。この世は地獄・餓鬼・畜生が満ちみち、不善のともがらで一ぱいでございます。今後は、悪い話は聞きたくもなく、悪い人は見たくもございません」

こう申し上げて、「*清浄業処《しょうじょうごっしょ》をお観せ下さるように」と釈尊にお願いしたところ、世尊は、眉間から金色の光を放ちたまい、その光明はあまねく宇宙のすみずみまで照らしつくしてから、再び仏頂にたちもどって金台と化し、その台上に十方諸仏のうるわしい浄土のありさまを映しだされたのでした。

＊清浄業処とは、清浄な業《ごう》（行為）によって感得せられたところの意。親鸞は「本願成就の報土」と解されました。善導は、この一文を、韋提希が、生まれるべき清浄処（浄土）に往生するための行である観法について一般的に教えてほしいと、請うたことと釈しています。なお、業処が、梵語のカルマスターナの訳語であるとすれば、仏や浄土の清浄相を対象とする観想を指すと考えられましょう。

光台にさまざまの諸仏の国土が映しだされたのを拝見した韋提希は、

「お示しいただきました諸仏の国土は、いずれもおとらず清浄で、光明に輝いておられます。だが、私は、一きわすぐれている阿弥陀仏の浄土、極楽世界に生まれとう存じます。お願いでございますから、極楽世界に生まれるには、＊どのように思惟し、どのように正しく受けとればよろしいのかをお教え下さいませ」と、釈尊に請いたてまつりました。

＊経に「教我思惟教我正受」とありますが、この句を、善導は、「思惟」とは定善十三観に入るための準備として浄土の依正二報や四種荘厳を思想し憶念すること、「正受」とは定善十三観の観法のことと解しました。親鸞は、「思惟」とは本経に顕説されている方便としての定散二善、「正受」とは本経に隠密に彰わされている「金剛の真心」、真実信心を意味するとしています。

五　散善の行を顕わす縁

そのとき、釈尊がほほえまれると、五色の光がお口から輝き出て、その一つ一つの光が頻婆娑羅王の頭上を照らしたのでした。大王は、幽閉の身ではあっても心の眼にはさわりがなく、はるかに世尊を拝みたてまつると、自然に智慧が進んで、二度と欲望的世界には還ることがない阿那《あな》含《ごん》の位に達したのであります。

このときに、釈尊が韋提希に仰せられるには、

「そなたは知っているであろうか、阿弥陀仏のましますところは、*ここから遠くないということを。そなたは、思いをかけてはっきりと彼の仏国土を想い観るがよい。それによって、**きよらかな行業ができるようになる」と。

* 経に「去此不遠」とあるのについて、善導は、⑴浄土は十万億刹のかなたと限定されているから遠くない、⑵一念で往生できるから遠くない、⑶正観によって自然に見られるから遠くない、と解釈していますが、考えてみますと、浄土は絶対の他界として、対応関係においては懸絶していますけれど、しかも、逆対応として本願の救いそのことの中に現成していることを意味するといえないでしょうか。さらにいうと、浄土は穢土と絶対的に違い、絶対的に懸絶しているが、絶対的に違うから穢土が成り立っているのであって、しかも、その浄土と穢土が切り結ぶところに信があり、その信において、その絶対の二が一つに結びつくのであり、それが他力廻向としての真実信心の現在であるとも申せましょう。

** 「浄業成者」は、経文からすると、このように訳されますが、親鸞は、「浄業を成ずる者」すなわち「尽十方無碍光如来」を意味するとし、本願成就の阿弥陀仏を観知せよ、と解しています。

「いま、わたしは、そなたのために広く多くの譬喩を説こう。そしてまた、そのことによって、未来の世のすべての凡夫の中で浄業を修しようとする者が、西方極楽浄土に生まれることができるようにしよう。

極楽浄土に生まれたいと欲《おも》う者は、〔世福・戒福・行福の〕三福を修すべきである。

(1)父母に孝養し、師匠や目上につかえ、いつくしみの心で殺生をせず、十善（殺さず、盗まず、邪淫せず、妄語せず、綺語せず、悪罵せず、両舌せず、貪らず、瞋らず、邪見をおこさない）の行為を修めること。

(2)仏・法・僧の三宝に帰依し、もろもろの戒をまもり、行住坐臥のたちいふるまいをみださぬこと。

(3)さとりをもとめる菩提心をおこし、深く因果の道理を信じ、大乗の経典を読誦し、他の人びとにもこの道をすすめること。

この三つのことを「浄業」というのである。

そなたは、いま、知ることができたかどうか。この三種の行業こそ、過去・未来・現在の、三世の諸仏が浄土を建立するため の正因として修された、きよらかな行業そのものな のだ。〔それはまた、衆生がその諸仏の浄土へ往生するための正因にほかならない〕」と。

六　定善の観を示す縁

釈尊は、そこで、阿難と韋提希に告げられるには、

「心して聴きなさい。心して聴くのですよ。これから申すことをよくよく思念するがよい。如来は今、未来の世の生きとし生ける者、本能的欲望にさいなまれ、煩悩の賊に害せられて苦しみ

悩むであろう生きとし生ける者のために、清浄の行業について説き明かそうとしているのだ。韋提希よ、そなたはよいことをたずねたものだ。阿難よ、あなたはこれから私がいうことをよく記憶して、広く多くの人びとに伝えなさい。

如来は今、韋提希と未来の一切の生きとし生ける者に、西方の極楽世界を観じさせよう。仏力によるから、あたかも明鏡を手にとり自分の顔かたちをうつすがごとく、かの清浄の国土を見ることができるだろう。かの国土の、この上もなくすぐれた楽しいことどもを見て、心からよろぶことができるから、すぐさま、事物の相にとらわれず真理にかなう認識に安住する無生法忍の境地をさとることができるのだ」と。

さらに、韋提希に向って仰せられるには、

「そなたは平凡な一介の人間に過ぎぬ。心ざまは弱く劣っている。まだ天眼（超自然的な視力）を得ていないから遠くを観る力はない。しかし、諸仏如来には特別にすぐれたてだてがあるから、そなたにでも観ることができるようにしてあげられる」

「世尊よ。しあわせにもわたしは今、仏のお力でかの国土を拝みたてまつることができましょう。しかし、もし仏がおかくれになられた後の人びとは、煩悩にけがれた濁悪不善の者たちであり、生きること、老いゆくこと、病むこと、死ぬこと、そして愛する者と別れなければならぬという五種の苦しみにさいなまれましょうから、どのようにして阿弥陀仏の極楽世界を観《み》たてまつればよろしいのでございましょうか」

韋提希は、このように申し上げたのでありました。

七　浄土の観想　――定善十三観

釈尊は、韋提希の請《こい》にこたえて、心を静め精神を対象に集注して浄土のありさまを観想する方法をお説きになられました。

第一は日想観。正坐して西に向かい、沈みゆく太陽をみつめ、その沈みゆくかたちが天空にかかる太鼓のようであるのを観《み》、みおわったら眼を閉じていても開いていても、いつもその残影がはっきりのこっているようにすることであります。

第二は水想観。清らかな水を見つめてその澄みとおったすがたを心におさめ、氷が透きとおっているすがたを観て瑠璃《るり》（青玉）を想いうかべ、瑠璃の大地が内も外も透明で、地下にはダイヤモンドをはじめ七種の宝石で飾られた黄金の幢幡《どうばん》（はたぼこ）があり、その宝幢は八角体を形づくって、一一の面には百の宝珠、一一の宝珠には千の光明、一一の光明には八万四千の色が輝いて大地に照り映《は》え、また、瑠璃の大地の上には黄金の縄が縦横に張りめぐらされていて、七宝で境界が区切られ、一一の宝石の中には五百色の光があり、花とも星や月とも見まがうようなその光は、大空にかかって光明の台《うてな》となり、その台上には、百の宝石から成る千万の楼閣《たかどの》があって、台の両側には百億の華幢や無数の楽器が飾られ、清らかな涼風が吹きおこってそれを奏でて、「苦・空・無常・無我」の教を聞かせて下さると観想することであります。

このような水についての観想ができるようになりますと、次にはこの観法によって心にきざみつけられた一一のこと、つまり、宝で飾られた大地・樹林・池水・楼閣を想いうかべるのでありまます。これが第三地想観、第四宝樹観、第五宝池観、第六宝楼観であり、こうして楼閣の観想に到達できたら、これでほぼ極楽世界のおすがたを拝見したことになるので、第六宝楼観を「総観想」と名づけ、この観想を行なう者は、無量億劫の極めて重い罪業から解放せられ、命が終ると必ず浄土に生まれることができるのであります。

このようにお説きになられた釈尊は、ここで阿難と韋提希にお告げになりました。

「あきらかに心して聴きなさい。よく心して聴くがよい。これから言うことをしっかり思念することだ。今、あなたたちのために、苦悩を除く法をはっきりわかるように説きあかそう。そなたたちは、それをしっかり記憶して心にとどめ、広く大衆のためにはっきりわかるように、よく考えて解説しなければならぬ」

釈尊がこのように仰せられますと、そのとき、無量寿仏が観世音菩薩と大勢至菩薩を左右に従えて空中に立ちあらわれたもうたのでございます。そのお姿は光明に燃えたち輝いて、つぶさには拝見できないほどでございました。ちなみに、真宗の絵像や木像の本尊は、この「住立空中」の尊像をかたどりたてまつるものといわれています。

空中にお姿をあらわされた無量寿仏のみ足に額《ぬか》づき深く礼拝した韋提希は、

「わたしは今、仏の大御力によりまして、無量寿仏とそれに侍するお二方の菩薩をおがむことができました。しかし、釈尊がおかくれになった時代、末の世の未来の衆生は、どのようにして無量寿仏とお二方の菩薩のお姿を拝見することができるのでございましょうか」と。

この韋提希の質問に、釈尊は、無量寿仏を拝見したいと欲《おも》うなら、まず、そのおわします蓮華の座を心に想いうかべなさい、と申されて、第七華座観をお説きになりました。

「かの仏を観たいと思ったならば、まず、七種の宝石でできた大地の上の蓮華を観想しなさい。その蓮華の一一の葉には百の宝石のいろどりがあると観想しなさい。……」と、その観想の方法をくわしく説かれてから、

「このような蓮華は、法蔵菩薩の本願のお力でできあがったものであります。もし、かの無量寿仏を念じようと思うならば、まず、仏のおわします蓮華の座を観想すべきです。この観想を行なおうとするときは、それ以外の雑多な観想をしてはなりません。一一の葉、一一の珠、一一の光、一一の台、一一の幢をそれぞれ想いうかべて、あたかも明鏡の中に自分の顔かたちを見るように、その映像をはっきりと拝見するように心がけなさい」

と申されたのでありました。

以上、浄土の依報《えほう》（環境）についての観想を説きおわった釈尊は、正報である仏身に関する観想をお説きになります。第八像観は、無量寿仏と観音・勢至の二菩薩の像を観想することであります。

「華座を観じおわったら、次には仏を観想しなさい。なぜかというと、諸仏如来は法界身*であ

り、すべての衆生の心想の中に入ってこられるからである。ですから、あなたらが心に仏を想うとき、この心がそのまま仏の顕著なすぐれた特徴である三十二相、それに付随する微細な特徴である八十随形好のうるわしいすがたとなる。＊＊この心が作仏し、この心がそのまま仏である。さとりの智慧が海のような仏がた、諸仏正徧知海は心想から生ずるのである。このゆえに、一心に思念を集注して、かの仏・多陀阿伽度《ただあかど》（如来）・阿羅訶《あらか》（尊敬するにふさわしい方）・三藐《みゃく》三仏陀《ぶつだ》（正しくめざめた正等覚者）を観じなさい」

と仰せられて、その観法をくわしくお示しになられたのであります。

＊「法界身」について、聖道門の諸師は、「法界の身」つまり、形相を超えたさとりそのものである理法身のことと理解したのでありますが、曇鸞は『往生論註』に、

「法界とは衆生の心法である。心はよく世間・出世間の一切の諸法を生ずるから、心を名づけて法界とするのである。法界はよくもろもろの如来の相好の身を生ずる。それはまた色等の対境が眼識という直覚を能く生ずるようなものである。だから、仏身を法界身と名づけるのである」

として、衆生の観察する心に現われる仏身であるとみています。

また、善導は、「定善義」に、法界には、仏の慈悲心があまねく衆生の心に入り、仏の身があまねく衆生界に入り、仏の心と身は何ものにも障碍されない、という三つの意味があるとして、

「正しくは心が到るに由《よ》るから、身もまた随って到るのである。身は心に随うから『是れ法界身』というのである。法界というのは、仏が教化あそばされる所化の境、つまり衆生界のことである。身というのは能化の身、つまり、諸仏の身である」

と解釈されました。つまり、法界とは、法界の生きとし生ける者を意味し、法界身とは、あらゆる世

界の衆生を教化し利益したまう仏身を意味するとされたのです。

＊＊　「是心作仏、是心是仏」については、聖道門の諸師は、この第八観を無相の理観であるとみて、法界身とは理法身であり、衆生にはもともと法身の仏性が具わっているから、この観想を成就するとそれが開顕され、衆生心がそのまま仏となることができ（作仏は成仏の意味）、衆生心のほかに仏はあり得ないと解したのでした。

ところが、曇鸞は『往生論註』に、この経文は、浄土の二十九種荘厳のうち、仏の身業《しんごう》功徳《くどく》を説くものとみて、仏身の相好が衆生の心中に顕現するのは、あたかも浄《きよ》らかな水とそれにうつる像との関係のように、それは不一不異であるから仏の相好の身が即ち是れ心想であるとし、この心がよく作仏する（仏となる）のを「是心作仏」といい、衆生心のほかに仏がましまさないのは、あたかも木と火との関係のようであるから「是心是仏」というとしています。

善導は「定善義」に、この観を有相の事観であるとみて、心に一一の相を縁ずるから相があらわれるのであり、自分の心に想作すると心に応じてあらわれるのを「是心即是三十二相」とし、三十二相が現われると八十随形好もそれにしたがって現われると解しました。そして、「是心作仏」とは、自らの信心によって相を縁ずるのは「心が仏を作《つく》る」ことであり、心に仏を想うと、想によって仏身が現われ、この心を離れてほかに異仏はましまさぬから、仏と衆生心とが不離であるのを「是心是仏」というとしています。つまり、この『観無量寿経』は、末の世の罪深い凡夫のために説かれた教であり、私たち凡夫に、浄土に生まれるための具体的な方法を示されたものでありますから、衆生が阿弥陀仏と観音・勢至の二菩薩の像を観想することにおいて、衆生の観法の心に仏のはたらきが至りとどいて、凡夫の心に仏を作るのを「是心作仏」、この観法において衆生心と仏とが離れないのを「是心是仏」というと解釈されたわけです。

親鸞は、『観経』を隠顕の両義で解釈されており、「是心作仏、是心是仏」は顕の義からは定善観にほかならないが、その深い隠密の意を彰わすと、「心」とは如来廻向の信心であり、信心は他力の大菩提心、願作仏心であるから、衆生の信心が成仏の因となり能く仏果をひらくのを「是心作仏」、信心の体は仏の名号であり、この信心のほかに別に名号の法はないのを「是心是仏」というと解されました（「信文類」）。

この像観について、釈尊は、観想した者が冥想から出たときに、冥想中のことを記憶して忘れず、それを経典に説かれていることと照合して、もし合っていないならばそれは妄想であり、合っておれば大まかに仏を観ることができた麁想《そそう》であると申されて、第八の像想を成しとげたら、無量億劫の生死の罪が除かれ、現身に念仏三昧を得ることができる、と仰せられました。

ついで「無量寿仏の身相と光明を観想せよ」と仰せられて第九真身観が説かれます。

「無量寿仏のお体は、百千万億のヤマ天をいろどる、ジャンブー河から産する閻浮檀金《えんぶだごん》の色のようであり、そのお身丈《みたけ》は、六十万億那由他恒河沙由旬、眉間の白毫《びゃくごう》の大きさは須弥山《しゅみせん》が五つならんだほど、おん眼は四大海水のようで、おからだのすべての毛孔から光をはなち、あたかもそれは須弥山のようである。後光は、広さが百億の三千世界ほどで、その円光の中には百万億那由他恒河沙の化仏《けぶつ》がおわしまし、その一一の化仏には数えきれぬ菩薩が侍者としてお仕え申し上げている。

無量寿仏には、八万四千のすぐれた顕著な特徴が具わり、その一一の相には八万四千の随形好がある。この一一の微細なすぐれた特徴からは八万四千の光明がはなたれ、一一の光明はあまねく十方の世界を照らして、念仏の衆生を摂取して捨てたまわない」と。

このような、仏の身相と光明の壮大な表象は何を意味するのでありましょうか。

「このような光明・相好《そうごう》・化仏《けぶつ》は、つぶさには説くことができず、ただ想念に憶《おも》いうかべて、心の眼で見るよりほかはない。心の眼で見ることにおいて、十方の一切諸仏を拝見することができる。それで、この観想を『念仏三昧』と名づけ、『一切の仏身を観ずる〔三昧〕』と名づけるのである。仏身を観ずるから、また、仏心を見ることになる。仏心とは、大慈悲がこれである。あらゆる者を別けへだてなく無条件に救いたもう無縁の慈《いつく》しみで、生きとし生ける者を摂《おさ》めとりたもうのである」と『経』に説かれています。

その文面からすると、阿弥陀仏の真身――形相にあらわれた真のおすがた――を観想することにおいて、一切諸仏の仏身を観ずることができ、それはとりもなおさず仏心を見ることになるのであり、これが「念仏三昧」――仏を念《おも》うことによる心の安らぎ――にほかならず、この観想を行なう者は、この世での生涯が終ると、諸仏の前に生まれて、究極の真理に心をおちつけ、あらゆるものには我《が》として執われるべき何ものもなく、生ずることもないと認める安らぎの境地（無生忍）を得ることができるから、「智者は、まさに心を繋《か》けて無量寿仏をあきらかに観じなさい」といわれているのであります。

ところで、『経』に「但だ当《まさ》に憶想して心眼をして見たてまつらしむべし（ただ想念に憶いうかべて心の眼で見させるよりほかはない）」と説かれていますが、精神を統一集注して仏の身相・光明を観ずることは、智者には可能でありましょうけれど、とても私たち凡愚には及びもつかぬことであります。もとより、この観法は「心想羸劣《るいれつ》の凡夫」である韋提希のために説かれたにはちがいありませんが、しかも、このような不可能なことをあえてお示しになられたのは、どのようなわけでありましょうか

それは、実は、私たちに「自力」ではとても及びがたいことであると教えて、本願の真実にみちびきたもう、如来の巧みな方便（てだて）にほかなりません。親鸞聖人が、この真身観の仏身を方便化身であると解されたのは、その意味からでありましょう。

仏を観ずるということは、いわば、仏に向かうことと申せましょうが、私たちは、自分の意志で仏に向かおうとすることにおいて、逆に、仏にそむくものとしての自分自身を知らされるのではないでしょうか。仏に向かおうとする心が強ければ強いほど、仏に近づくことができぬ自分自身を歎かざるを得ません。

『経』に、「一一の光明はあまねく十方の世界を照らして、念仏の衆生を摂取して捨てたまわない」と説き、「仏心とは大慈悲である。無縁の慈をもって、もろもろの衆生を摂したもう」と説かれていますが、善導大師はこの「光明の摂化」について、親縁・近《ごん》縁・増上縁の三縁を挙げられました。

親縁とは、常に、口に仏の名を称え、身に仏を礼拝し、心に仏を念ずると、仏はその称名を聞きたまい、礼仏を見たまい、念仏を知りたもうて、衆生が仏を憶念すると、仏もまた衆生を憶念

され、仏と衆生との、身・口・意の三業があい離れないこと。近縁とは、衆生が仏を見たてまつりたいと願うと、衆生の念に応じて、仏がまのあたりに現われたもうこと。増上縁とは、衆生が仏名を称えると、念念に過去の罪障が除かれ、命が終ろうとする時に聖衆とともに来り迎えたまい、さまざまの悪業の繋縛にもさまたげられることがないことであります。仏が念仏の衆生を摂取して捨てたまわないのは、この三縁によるというのであります。

親鸞聖人は、この「摂取不捨」に阿弥陀仏の性格の特質を見いだし、「弥陀経意」に、

十方微塵世界ノ　念仏ノ衆生ヲミソナハシ
摂取シテステザレバ　阿弥陀トナヅケタテマツル（一）

とうたわれいます。そして「摂取」の語に「おさめ　とる　ひとたびとりてながくすてぬなり　せふはもののにぐるをおわえとるなり　せふはおさめとる　しゅはむかへとる」という左訓をほどされました。仏に背をむけて逃げる私たちを追わえて、おさめとり、むかえとりたもうのが、阿弥陀仏であるというのであります。まさに、「無縁の慈」といわざるを得ません。

さて、つづいて『経』には、「無量寿仏を観想しようとする者は、まず一つの相好を観ずることから入りなさい」として、眉間《みけん》の白毫《びゃくごう》を観ずることをすすめています。源信和尚は『往生要集』に、これを「雑略観《ぞうりゃくかん》」と名づけて、

「彼の一一の光明は、遍ねく十方世界を照らし、念仏の衆生をば摂取して捨てたまわず。我、また、彼の摂取の中に在れども、煩悩、眼を障《さ》えて見たてまつるに能わずと雖も、大悲、倦《ものう》

きことなくして、常に我が身を照らしたもう」といわれています。「正信偈」には、これをうけて、「極重悪人唯称仏　我亦在彼摂取中　煩悩障眼雖不見　大悲無倦常照我」とうたい、和讃には、

煩悩ニマナコサエラレテ　摂取ノ光明ミザレドモ
大悲*モノウキコトナクテ　ツネニワガミヲテラスナリ（「高僧和讃」源信八）

＊左訓「ものうきことといふは　おこたりすつるこころなしとなり」

と讃詠されていますが、聖人においては、それは観想の世界のことではなく、如来廻向の大信心海の風光として、仰ぎみられたことでありましょう。

第九真身観につづいて、観世音菩薩を観ずる第十観音観、大勢至菩薩を観ずる第十一勢至観が説かれ、以上の観想を終えたならば、自分の心に、自分自身が浄土に生まれる想いを起して、蓮華に包まれて浄土に生まれ、蓮華がひらき、光明が照らし、眼があいて仏菩薩が虚空にみちているのを見、水・鳥・樹林の音や諸仏の説法の声を聞き、それが十二部経の内容と一致していると知り、そのことを冥想からさめても忘れないようにせよとの、第十二普観想（浄土をあまねく観想する方法）をすすめています。そして、第十三雑想観（雑観想）には、「心から西方の浄土に生まれたいと欲う者は、一丈六尺の像が池の水の上に在します」と観想すべきことを教え、無量寿仏の身量は無辺であり、凡夫の心力の及ぶところではないが、如来の宿願力（はるかな過去に、因位の法蔵菩薩がおこされた本願のはたらき）によるから、必ず観想を成就できるとして、阿弥陀仏と

観音・勢至の二菩薩について、大小・真仮をとりまぜて観想する方法を説いています。以上が定善十三観であります。

八　九品の往生　――散善三観

釈尊は、韋提希夫人の請にこたえて、慮《おもんぱかり》を息《や》め心を凝《こ》らして観想する定善十三観をお説きになられたあと、ご自身のお思召しから、日常生活において悪を廃《や》め善を修する行為、散り乱れた心の状態で修する善による往生のすがたを九種類にわけて説かれました。上品・中品・下品の散善三観がこれであり、各品《ほん》（種類）には上生・中生・下生があるので九品の往生と申します。

上品上生とは、浄土に生まれたいと願って、至誠心《しじょうしん》（真実のまごころ）・深心《じんしん》（深く信ずる心）・廻向発願心《えこうほつがんしん》（すべての善行の徳をさしむけて浄土に生まれたいとの願いをおこす心）の三心《さんじん》を具《そな》える者、また、(1)いつくしみの心で生きものを殺さず、もろもろの戒をたもつ者、(2)大乗の経典を読誦する者、(3)仏・法・僧・戒・捨（施）・天を念ずる者は、臨終に来迎にあずかり、金剛台に乗って瞬時に往生し、無生法忍をさとって、十方の諸仏から順次に成仏の予言を授けられ、無量百千の陀羅尼門（真理を保持する力）を得るのを指します。ここに説く三心を、善導大師や法然上人が重視されたこと、また、親鸞聖人がこの三心について隠顕の両義で解釈されたことは、すでに述べたとおりであります。（九六頁以下参照）

上品中生とは、必ずしも大乗経典を受持し読誦しているわけではないが、よくその意義と趣旨を理解しており、仏法の究極的真理に心をおちつけて、驚き動揺することがなく、深く因果の道理を信じて大乗の教をそしらず、これらの功徳をさしむけて浄土に生まれたいと願う者であり、臨終に来迎にあずかり、紫金台に乗って、一瞬のあいだに往生し、一小劫を終て無生忍を得、成仏の予言を授けられます。

上品下生とは、因果の道理を信じ、大乗の教をそしることなく、この上ないさとりをめざして往生浄土を願う者であります。臨終に来迎にあずかり、金蓮華に坐して往生し、三小劫を経て百法明門（百の真理を明らかにする智慧の道）を得、菩薩十地の初段階である歓喜地に住します。（上輩生想、第十四観）

中品上生とは、在家の信者が守るべき五戒*や八戒斎**をたもち、さまざまな戒律を修行して、五逆罪を造らず、多くのあやまちやわずらいがなく、これらの善根をさしむけて浄土に生まれたいと願う者であり、臨終に蓮華台に坐して往生し、小乗の聖者の最高位である阿羅漢道を得、八解脱（八種の精神統一の方法により貪著の心をはなれること）を具えます。

＊　五戒は、殺生をしない、盗まない、みだらな男女関係をむすばない、うそをつかない、酒を飲まないこと。在家の仏教徒がたもつべき戒。

＊＊　八斎戒（一四九頁参照）

中品中生とは、一日一夜のあいだ八戒斎をたもち、あるいは一日一夜のあいだ沙弥戒（見習僧の十戒）をたもち、あるいは一日一夜のあいだ具足戒（出家者としての完全な戒）をたもって起居《たちい》ふるまいに欠けるところがなく、これらの功徳をさしむけて浄土に生まれたいと願う者であり、臨終には蓮華に坐して往生し、小乗の聖者の最初の段階である須陀洹《しゅだおん》を得、半劫を経て阿羅漢となります。

中品上生とは、父母に孝養をつくし、世の人びとに思いやりをかけていつくしみの行いをする者。この人は仏法を聞く機会がないままに生涯を過ごしていても、臨終にすぐれた師（善知識）に遇い、阿弥陀仏の浄土のうるわしさと法蔵菩薩の四十八願のいわれを教えられて、臨終に、臂《ひじ》をまげのばしするくらいの短時間に浄土に往生し、七日後に観音・勢至に遇って聞法し、一小劫を経て阿羅漢となります（中輩生想、第十五観）

下品上生とは、大乗の教をそしりこそはしないが、多くの悪業を造りながらも恥しいとも思わぬ者。この人は、命終ろうとする時、大乗経典の題名を讃える師に遇って、経の題名を聞くことにより過去の重罪が除かれ、さらに、その師から、手を組みあわせ合掌して南無阿弥陀仏と称えよと教えられて、称名することにより五十億劫のあいださまよいつづけてきた生死の罪をまぬがれ、化仏《けぶつ》・化菩薩《けぼさつ》にみちびかれて宝蓮華に乗り、浄土の宝池の中に生じて、四十九日を経て華が開け、法を聞いて発心し、十小劫を経て百法明門を具え初地に入るのです。

下品中生とは、在家の五戒や八戒、出家の具足戒をやぶり、教団の共有物や僧尼に供養された物を盗み、名誉や利欲を目的として不浄な心で説法をしながらも、慚愧《ざんぎ》の心がなく、さまざまの悪業でわが身をかざっている者。この人が命終ろうとする時、地獄の猛火が一時に押しよせてくるけれども、たまたま大慈悲心をもつ善き師に遇うことができ、その師が阿弥陀仏のすぐれた徳と力を説くのを聞くことにより八十億劫のあいださまよいつづけてきた生死の罪をまぬがれ、聞きおわるやいなや、地獄の猛火は変じて清涼の風となり、化仏・化菩薩にみちびかれて、一瞬のあいだに浄土の宝池に生じ、華につつまれて六劫を経ると、華が開けて法を聞き発心します。

　下品下生とは、父を殺し、母を殺し、聖者を殺し、仏身を傷つけ、教団の和合を破るという五逆罪を犯し、生きものを殺し、物を盗み、よこしまな男女関係をもち、うそをつき、人の中をさく二枚舌をつかい、きたないことばでののしり、かざりことばでへつらい、むさぼり、いかり、おろかさの心で生活するという十悪をつくり、その他、ありとあらゆる不善を行なう者。このような愚かな者は、悪道に堕《お》ちて多劫の長きにわたりひまなく苦しみをうけなければなりません。ところが、このような愚かな者が命終ろうとするとき、すぐれた師（善知識）があらわれて、いろいろとこの人を慰め、すぐれた法を説き、心をしずめて仏を念《おも》いうかべなさいと教えたもうのに遇《あ》うことができました。にもかかわらず、苦しみにせまられたその人は、仏を念《おも》いうかべるいとまさえありません。そこで、師が申されるには、

「汝よ、もし心をしずめて仏を念《おも》うことができぬのなら、無量寿仏のみ名を称《とな》えるがよい」

と。このようにして、その人が、ひたむきな心で、声をたやさずに、十念を具えて、南無阿弥陀仏とお称《とな》えすると、一声一声称えるうちに、八十億劫のあいださまよいつづけてきた生死の罪をまぬがれることができるのです。この人は、臨終に、太陽のようにかがやかしい黄金の蓮華が目

のまえにあらわれるのを見ることができ、一瞬に浄土へ往生して、十二大劫のあいだ蓮華の中につつまれたままで過ごします。華が開くと、観音・勢至の二菩薩が、大悲の声《みこえ》で存在の実相と罪を除き滅ぼす法を説かれ、その人は聞き終って歓喜し、菩提心を発すのであります。（下輩生想、第十六観）

善導大師は、この「下品下生」に説かれた「具足十念称南無阿弥陀仏」のお示しに、どんな悪人でも必ず救おうとの、阿弥陀如来の本願の正意を見いだされました。すでに述べたように、第十八願の「至心・信楽・欲生」という如来のお心を、衆生の「至誠心・深心・廻向発願心」にいただいて、「乃至十念」の念仏、すなわち上は一生涯から下は十声・一声までの称名念仏により、本願力に乗托して必ず往生できると深信されたのであります。そして、本願に「唯除五逆誹謗正法」と申されているのは、重罪を犯すことを悲しまれて、これを抑《おさ》え止《とど》めようとの思召しからであり、逆悪の人も、謗法・闡提の者も、摂《おさ》め取って捨てたまわぬのであると頂かれたのでした。

ところで、阿弥陀仏の浄土が絶対平等の世界である筈なのに、なぜ往生に九品のちがいがあるのだろうか、という疑問があります。すでに『大無量寿経』の解説においてふれたことではありますが、親鸞聖人は、報身である阿弥陀仏について、真仮をわけて、真仮を「不可思議光如来」と名づけ、化身を『観経』の真身観の仏であるとし、その浄土については、真土を「無量光明土」と名づけ、化土は『観経』所説の浄土や懈慢辺地・疑城胎宮であるとしておられます。その理由については、「真仏土文類」に、つぎのように述べられています。

「さて、報という意味を考えると、如来が因位の法蔵菩薩とあらわれたまい、海のように広大な本願をおこされ、その因願が成就し、その本願に報われた結果として完成されたのが浄土である。それで、阿弥陀仏の浄土を報〔土〕というのである。

ところで、海のように広大な本願の中には、真実の願と方便権仮《ごんけ》の願とがある。こういうわけで、また、願にむくわれて完成された浄土にも、真の浄土と仮の浄土とがあるのである。法蔵菩薩が選びとられた光明無量・寿命無量の本願を正しい因として、真の仏身と真の仏土とを成就されたのである」と。

そして、真実報土（真の浄土）に往生するということは、『大無量寿経』に説かれている「皆、自然虚無《じねんこむ》の身、無極《むごく》の体を受ける」ことを意味するとし、世親の『浄土論』に「如来浄華衆　正覚華化生」といわれるように、如来の清浄願心にもとづいて咲いた蓮華のはなに喩えられ、如来のさとりそのもののはたらきからおのずとたちまちに生ずることであり、それはまた、曇鸞の『浄土論註』に「同一念仏無別道故」と語られているように、如来の清浄願心の凝《こ》って成った結晶ともいうべき「南無阿弥陀仏」の名号のはたらきのままに念仏を申す身となるほかに別の救いの道はなく、本願力のはたらきのままに真実信心を身につけて、必ず滅度に至らしめられることがさだまり、如来と同一のさとりをひらくことであります。聖人は、このような往生を「難思議往生」と名づけました。

これに対して、『観無量寿経』に説かれるように定善・散善を修して浄土に生まれたいと願うのを「双樹林下往生」、『阿弥陀経』に説かれるように善本・徳本の名号を自己の善根として執持し往生を願うのを「難思往生」と名づけています。これらは、いわば、究極的世界を志向しながら、主観的には真摯にそれを追求しているかのようではありますが、志向の幻影を追いもとめているにすぎない立場であるといえましょう。仮りの浄土、方便化土への往生といわれるのは、この意味であると思われます。もとよりそれは、究極的世界を求めようとする過程としては、すでに述べた「三願転入」に見られるように、重要な意義をもつといわなければなりません。

如来の清浄願心にもとづく真実信心の世界に眼がひらかれますと、それまで自己の力のかぎりをつくし諸善万行を修して臨終に阿弥陀仏が聖衆と共に来迎したもうことに期待をかけてきたことや、懸命にひたすら称名につとめてきたことは、自己をたのむ立場であり、如来にそむくものであったことが、しみじみと知られます。それは「仮」の立場であり、真仮の廃立からいえば、廃されるべき立場であります。しかしながら、しかもまた、「真」の立場において、「仮」が「仮」としての意味をもち、如来の善巧方便（たくみなてだて）としてよろこばれるのです。

私たちの性質や能力は千差万別であります。自己をたのみとするあり方にも、善悪さまざまなすがたがあるわけで、これを大別しますと九種類になり、『観経』に九品の往生が説かれているのは、自力の善根による救いのかたちであり、聖人は、これを方便化土への往生のすがたであるとされたのでした。本願他力の念仏による真実報土の往生は、「皆、自然虚無の身、無極の体を受ける」のであり、九品の差別などあろう筈はありません。聖人は、つぎのように申されています。

「真といい、仮といい、みな、これは如来の大悲の願海に酬《こた》え報《むく》われたものである。だから、〔第十八願の正定聚の機が往生する真実報土だけではなく、第十九願の邪定聚の機や第二十願の不定聚の機が欣《ねが》い求める仮の浄土も、また〕、報仏土にほかならぬことが知られる。まことに、〔如来の大悲は一人びとりにかけられていて〕、めいめいの浄土をねがう業因《ごういん》がさまざまであるから、仮の浄土もまた、それに応じて千差万別のすがたをとる。〔個別的な業にこたえてあらわれたそれは、普遍的な真実の世界におのずとみちびくてだてであるから〕、これを方便化身・化土と名づけるのだ」（「真仏土文類」）と。

＊　考えてみますと、真仏は、如から来生して、自らの内に一切群生海を見いだされて、その救済のために絶対他者的なすがたをとり、その救済の場を真土としてあらわされたといえましょう。そして、その場において、自己中心的な衆生の自我が絶対否定され無我的な主体に転換せしめられるのが、衆生における真実信心でありましょう。ところが、私たちは、私たちの心の奥深くにひそむ自我への執われにより、その絶対の主体としての仏と、仏のはたらく場である浄土を、なお、対象化しようとし、その対象化されたすがたと場が、化身・化土にほかならぬといえないでしょうか。

善導大師は、『観無量寿経』の教は、釈迦が韋提希夫人の請により浄土往生の肝要な入口（要門）を広く開かれたものであり、また、弥陀が格別の思召しから本願（弘願）を顕彰されたものであって、二つの内容をもつといわれました。

この釈迦・弥陀の二教は、諸善を説くのと念仏を説くのとからすると二つではありますが、後に述べるように、流通分には、釈尊が「好《よ》くこの語を持《たも》て。この語を持てとは、無量寿仏の名を持てということである」と説かれて念仏の一門を立てていることにおいて、二教は一致するのであります。

ところで、親鸞聖人は、『浄土三部経』はいずれも「選択本願」を顕彰するものであるが、経典の文面に顕説されているところからは、『観無量寿経』は第十九願による要門、『阿弥陀経』は第十八願による真門を説く方便の経であり、『大無量寿経』こそが第十八願の真実を説く弘願の法門であるとし、要門・真門・弘願の三門を立てられ、『観経』に顕説された教について、

「方便の願を考えると、それには、仮と真とがあり、また行と信とがある。願とは臨終現前の願、行とは修諸功徳の善、信とは至心発願欲生の心である。この願の行信によって、浄土の要門、方便権仮を顕らかに開きあらわされた」

「〔『観経』に顕説されているところは方便であるが〕、この『経』が彰《あら》わす真実は、如来のまごころが私たちに至《いた》りとどいた金剛の真心としての信心を開いて、〔如来にそむく私たちを、逃げる者を追わえるように〕摂め取って捨てたまわないことを顕《あら》わそうとするところにある。だから、この濁った世を教化あそばされる釈尊が、第十八の「至心信楽の願」の心を宣べひろめられたのだ。真実の浄土である報土に生まれるための真因は、まさしく如来があたえたもうた他力廻向の信心である信楽を正因とするからである」

と、「化身土文類」本に示されたのでした。

九　韋提希らの得益

釈尊が以上のように説かれた時、韋提希夫人は五百人の侍女たちとともに、その説法をうけたまわって、浄土の広大なありさまを拝見し、阿弥陀仏と観音・勢至の二菩薩にお目にかかることができ、心によろこびが生じて、これまでに全く体験したことがない未曽有《みぞう》のことであるとほめたたえ、からりと大悟して、無生忍を得たのであります。そして、五百人の侍女たちや、無量の諸天（神がみ）も、この上ないさとりを求める無上菩提心をおこして、浄土に生まれたいと願ったのであります。

「無生忍」とは、あらゆる事物には、実体として執われるべき自我がなく、それは「生じる」といっても、さまざまの条件関係があい依りあい待《ま》っての上のことであるから、それはまぼろしのような仮象にすぎず、本来は空《くう》であり、生じることも滅することもないと認証して心を安んずる境地のことです。菩薩がどの段階でこの境地に達するかについては、さまざまな説がありますが、善導大師は、本経の序分に、「浄土のうるわしいありさまを見ると、たちどころに無生法忍を得る」と説かれていることについて、そこでいう「無生法忍」とは、喜忍・悟忍・信忍であり、それは菩薩がその初歩的段階である十信位で得るところのものであり、より高い段階である解《げ》・行《ぎょう》以上における「忍」を指すのではないとしています。

「正信偈」に、

行者正受金剛心　念仏する人がまさしく如来からたまわる金剛のように堅固な信心をいただき

慶喜一念相応後　信を得て後によろこぶ広大難思の一念の慶心にかなったのちは
与韋提等獲三忍　韋提希夫人とひとしい喜悟信の三忍を獲ることができ
即証法性之常楽　すぐさま正定聚の位に即《つ》きさだまりさとりの本性である常楽を証知させられる

また、「文類偈」に、

入涅槃門値真心　涅槃のさとりの門に入り如来の真実のお心にめぐりあえば
必獲於信喜悟忍　必ず信喜悟の三忍を獲ることができ
得難思議往生人　真実報土に生まれる難思議往生を得る人は
即証法性之常楽　すぐさま正定聚の位に即きさだまりさとりの本性である常楽を証知させられる

と、聖人が讃嘆されていることとは、この善導大師の解釈によられたもので、信とは本願を信ずるおもい、喜とは信心のよろこび、悟とは仏智の不思議をさとる心であり、つまり、他力の大信心に心を安んずるのが「無生法忍」にほかなりません。

一〇　むすび

こうして『経』の本論を説きおえますと、阿難が釈尊のおん前にすすみでて、

「世尊よ。それでは、この経をどのように名づけたらよろしいのでございましょうか。この説法の要《かなめ》をばどのように受け持《たも》てばよろしいのでございましょうか」

とおたずねしたところ、釈尊が仰せられるには、

「この経を、『極楽国土と無量寿仏・観世音菩薩・大勢至菩薩を観ずる経』、また、『業障《ごっしょう》を浄《きょ》め除いて諸仏のおん前に生まれる経』と名づけよう。おんみは、まさにこれを受けたもって、忘れ失わせぬようにしなければならない。この観仏三昧を行じる者は、この凡夫の身のままで、無量寿仏と二菩薩を見たてまつることができよう。もし、男であれ女であれ、仏法を信ずるものがあれば、その人びとは、ただ仏のみ名と二菩薩のみ名を聞くだけで、量りない長い劫《とき》の間をさまよいつづけてきた生死の罪が除かれよう。いわんや、仏・菩薩のみ名を信じて憶念《おくねん》すれば、ましてのことである。もし、念仏する者があれば、よく知るがよい、その人は人の中の*分陀利華《ふんだりけ》である。観世音菩薩と大勢至菩薩は、その人の勝《すぐ》れた友となりたもうであろう。その人は、成仏してさとりの座にすわり、諸仏の家である極楽浄土に生まれることができよう。

阿難よ。あなたは、この言葉をよく記憶しておきなさい。この言葉を記憶せよというのは、無量寿仏の名号をこころにきざみつけて憶念し、つねにそれを受けたもつことである」と。

* 分陀利華は、梵名プンダリーカ。白蓮華のこと。すぐれてうるわしいので、好華、希有華、上上華、妙好華ともいわれ、また、千年の霊亀がこの華の上で遊ぶという故事から蔡華《さいけ》とも名づけます。念仏の行者をたたえて「人中の分陀利華」といい、好人、妙好人、上上人、希有人、最勝人と称し、これを五種の嘉誉といいます。

釈尊がこのように仰せられたとき、尊者目犍連と阿難、それに韋提希らは、その説法をうけたまわって、大いに歓喜したのでした。

一一　耆闍崛山での復演

王舎城の王宮での説法を終えたもうた釈尊は、大空をあゆんで耆闍崛山にお還りあそばされました。お伴をした阿難は、なみいる千二百五十人の大比丘や三万二千の菩薩をはじめとする大衆のために、その説法を復演すると、無量の諸天や竜・夜叉までもが大いによろこんで、釈尊を礼拝して説法の場から退去したことでございます。

以上で本経は終っています。聖人がこの経をどのようにみられたかは、すでに隠顕の釈義として述べたことですが、『浄土和讃』の「観経意」には、九首の殆んどを浄土教興起の機縁の讃詠に費して、この経の説意を、

大聖オノオノモロトモニ　凡愚底下ノツミビトヲ
逆悪モラサヌ誓願ニ　方便引入セシメケリ（七）
定散諸機各別ノ　自力ノ三心ヒルガヘシ
如来利他ノ信心ニ　通入セムトネガフベシ（九）

とうたわれていることは注目すべきでありましょう。

Ⅳ　仏説阿弥陀経

一　無問自説の経

『阿弥陀経』は『小経』と略称され、『小巻無量寿経』などとも呼び、「無問自説の経」といわれます。一般に、釈尊が法を説かれるばあい、説法の会座にあつまった聴衆のなかから質問が出て、その問に答えてお説きになられるのが普通です。そして、説法に際しては特定の弟子や菩薩を名ざして語りかけられますのでその方を対告衆《たいごうしゅ》と申します。この経は、舎利弗《しゃりほっ》を名ざして対告衆とされましたが、舎利弗が質問したわけではなく、釈尊ご自身がその本意を披瀝されたので、「無問自説の経」といわれるのです。

経典の歴史的な成立上の観点からではなく、『浄土三部経』を一つの組織的な教説の体系とみるばあい、その説法の次第を考えますと、釈尊が四十余年にわたるさまざまな説法ののち、出世の本意を『大無量寿経』にあらわして、如来の本願を説いて法の真実を顕らかにあそばされたのでしたが、たまたまそのとき、王舎城に悲劇がおこりましたので、それを機縁に、本願による救済の絶対事実を地上の歴史的な現実に実証し、機の真実をあらわされたのが『観無量寿経』であるとみることができましょう。そしてそのあと、釈尊は、ご自身が入滅あそばされてから後の、はるかに時代のへだたった末の世の人びとのことをおもんばかって、浄土教の肝要を、いま一度念をおされるために説き、五濁悪世の衆生は念仏の一法によってのみ救われるという、機・法の真実をお示しになられたのが『阿弥陀経』であるといえるのではないでしょうか。本経が、とくに舎利弗を対告衆とされたのは、彼が仏弟子の中で智慧第一と評判された方でありましたから、末の世までこの教法をまちがいなく伝えたいとのお心から、舎利弗をえらばれたと思われます。

この経は鳩摩羅什《くまらじゅう》（三四四〜四一三、一説に四〇九歿）が訳したものです。彼は羅什の略称で呼ばれ、名を童寿とも訳しています。父はインドの人で、中央アジアにきて、亀玆《きじ》（クッチャ）の国師となり、王の妹をめとりました。二人のあいだに生まれた羅什は、インドのカシュミールやその他の地方に遊学し、帰国してから大乗仏教を弘めたのですが、前秦の符堅《ふけん》が亀玆に侵入した際に連れだされ、前秦が滅んでのち、姚秦《ようしん》の姚興《ようこう》に国師として迎えられたのです。弘始三年（四〇一）長安に来て、その後亡くなるまでに、『般若経』『法華経』や、竜樹の『中論』『智度論』など、三十五部三百余巻の経論を訳出し、また、三論の学説をひろめました。三論宗の祖師と仰がれ、門下三千人と伝えるすぐれた訳経家でした。

この経は他に二訳があったといわれ、劉宋《りゅうそう》の求那跋陀羅《ぐなばだら》が訳した『小無量寿経』は現存していませんが、唐の玄奘《げんじょう》訳の『称讃浄土仏摂受《しょうじゅ》経』（略称『称讃浄土経』）は今に伝わっています。『称讃浄土経』は、羅什訳にくらべますと、内容はより詳しく、六方の三十八仏の証誠護念《しょうじょうごねん》を説く「六方段」が十方の四十二仏となっています。なお、親鸞聖人は、国宝本（専修寺蔵）の「浄土和讃」の冒頭に、『称讃浄土経』から「たとい百千倶胝那由多劫を経て、それ無量百千倶胝那由多の舌をもって、一一の舌の上に無量の声を出して、その功徳を讃《ほ》むるに、亦《また》、尽くること能《あた》わじ」の文を引用してかかげており、この部分は聖人の自筆であると認められていることを申しそえておきましょう。

この経には、梵本もチベット訳も現存し、悉曇《しったん》文字で書かれた梵本が古くからわが国に伝わっていました。

なお、親鸞聖人は、前述の『観経集註』とともに、『阿弥陀経註(集註)』を、主として善導の『法事讃』等にもとづいて作られました。吉水時代のこととみられます。(両書はもと一巻にまとめられていたもので、専修寺蔵の存覚転写本には『観阿弥陀経』と題されています。)

この経は、浄土教の要が簡潔に示され、短編である関係もあってのこととは思いますが、一般によく諷誦され親しまれていますので、はじめに全文の私訳をかかげておきましょう。

二 『阿弥陀経』私訳

仏が説きたまえる阿弥陀経

姚秦《ようしん》の三蔵法師鳩摩羅什《くまらじゅう》が勅命により訳した

このように仏陀がお説きあそばされたところを信受して、〔仏弟子阿難は〕お聞かせいただきましたままにその説法を再現させていただきます。あるとき、釈迦牟尼仏は、舎衛国の祇園精舎に、すぐれた出家の弟子千二百五十人とご一緒に滞在しておられました。それらの弟子たちは、みな〔すでに煩悩を滅した最高の境地に達し尊敬をうけるにふさわしい〕大阿羅漢《あらかん》であり、世によく知られている方がたでした。長老の舎利弗・摩訶目犍連《まかもっけんれん》・摩訶迦葉《かしょう》・摩訶迦旃延《かせんねん》・摩訶倶絺羅《くちら》・

離婆多《りはだ》・周利槃陀伽《しゅうりはんだか》・難陀・阿難陀・羅睺羅《らごら》・憍梵波提《きょうぼんはだい》・賓頭盧頗羅堕《びんずるはらだ》・迦留陀夷《かるだい》・摩訶劫賓那《こうひんな》・薄拘羅《はくら》・阿㝹楼多《あぬるだ》といったすぐれたお弟子たちです。それにもろもろの菩薩がた、文殊師利《もんじゅしり》法王子・阿逸多《あいった》（弥勒）菩薩・乾陀訶提《けんだかだい》菩薩・常精進《じょうしょうじん》菩薩といった諸大菩薩と、釈提桓因《しゃくだいかんにん》（帝釈天）らの無数の神がみなど、大ぜいが集まっておられました。

そのとき、仏陀は長老の舎利弗に語りかけられました。ここ〔娑婆世界〕から西方の、十万億の諸仏の国ぐにを過ぎたところに、「極楽《ごくらく》」と名づける世界があり、その国土にましますを「阿弥陀」――光明と寿命が量《はか》りない仏――とお呼び申上げる。〔その仏は〕いま現にましまして、法をお説きになっておられる、と。

舎利弗よ。かの仏土をなぜ「極楽」と名づけるかというと、その国に住む生きとし生ける者は、〔生・老・病・死の苦しみや、愛する者と別れる苦しみ、怨み憎む者と会う苦しみ、求めて得られない苦しみ、もえさかる煩悩のために身心が違和する苦しみなどの〕あらゆる苦しみがなく、ただ〔煩悩を離れて清浄でよろこびにあふれた〕さまざまの楽しみだけを受けているから、それで「極楽」と名づけるのだ。

また、舎利弗よ。「極楽国土」には、七重《ななえ》のてすり、七重の珠をつないだ網、七重の並木《なみき》があり、それらはすべて〔金・銀・青玉・水晶の〕四宝で飾られ、まわりをめぐりかこんでいる。それでかの国を「極楽」と名づけるのだ。

また、舎利弗よ。「極楽国土」には、七つの宝の池があり、〔浄《きょ》らかに澄み、清く冷《つめ》たく、甘美で、軽くやわらかく、うるおいにあふれ、安和で、飲むときには飢えや渇きを除き、飲みおわると健康が進むという〕八つの功徳《くどく》を具《そな》えた水をあふれるほどにたたえ、池の底には一面に金の砂がしきつめられ、池の四方の階段は金・銀・青玉・水晶でくみ合わされている。池のほとりには楼閣《たかどの》がそびえ、それもまた、金・銀・青玉・水晶・白珊瑚《さんご》・赤真珠・碼碯《めのう》でうるわしくかざられている。池に咲く蓮《はす》の華《はな》は花の大きさが車輪ほどもあり、青色の花には青い光、黄色の花には黄の光、赤色の花には赤い光、白色の花には白い光が照りはえて、けだかくかぐわしいかおりをきよらかにただよわせている。舎利弗よ。「極楽」という国土はこのようにすぐれた徳でかざられたうるわしいありさまを成しとげているのだ。

また、舎利弗よ。かの仏国土には、いつも自然の音楽がながれている。大地は黄金にかがやき、昼に三度《みたび》、夜に三度、天上から曼陀羅華《まんだらけ》が花の雨をふらせる。その国の生きとし生ける者は、清らかな朝な夕なに、それぞれ衣裓《えこく》(花を盛る器)に色とりどりのうるわしい華をのせて、他方にある十万億の国土におわす仏がたにたてまつり、食事どきまでには本国へ還りつき、食事を済ませてからしばしの散歩を楽しむ。舎利弗よ。その仏国土は、このようにすぐれた徳でかざられたうるわしいありさまを成しとげているのだ。

またつぎに、舎利弗よ。かの国には、いつも、さまざまなうるわしい色とりどりの鳥がむれている。白鵠《びゃっこう》・孔雀《くじゃく》・鸚鵡《おうむ》・舎利《しゃり》・迦陵頻伽《かりょうびんが》・共命鳥《ぐみょうちょう》といった鳥である。これらのすべての鳥は、昼夜に六度《むたび》、ハーモニーが和しメロディがみやびな音色《ねいろ》でさえずる。その音は、〔修行に欠くことのできぬ信・勤・念・定・慧の〕五根、〔五根のはたらきが増しその力を発揮する〕五力、〔智慧のはたらきを助ける念・択法《ちゃくほう》・精進《しょうじん》・喜・軽安《きょうあん》・定《じょう》・捨の〕七菩提分、〔正見・正思惟・正語・正業・正命・正精進・正念・正定の〕八聖道分など、このような、仏道を修める上で基本となる要目の法を演《の》べひろめる。その国の生きとし生ける者は、その音を聞きおえると、みながことごとく、仏・法・僧の三宝を念ずる。舎利弗よ。おんみは、これらの鳥が実際に罪のむくいによって鳥に生まれたのだと謂《おも》ってはならぬ。なぜかというと、かの仏国土には〔地獄・餓鬼・畜生の〕三悪趣がないからだ。舎利弗よ。その国には三悪道という名さえないのだから、まして〔畜生としての鳥が〕実際にいるはずがあろうか。これらのさまざまの鳥は、みな阿弥陀仏が法《のり》の音《こえ》を宣べひろめようとして、かりにあらわされたものである。舎利弗よ。かの仏国土では、微《かす》かな風が宝の並木や宝の網をそよがせて妙《たえ》なる音《ね》をかなでる。それはたとえば、百千種の音楽が同時に合奏されるごとくであり、その音《ね》を聞く者には、みなおのずと仏・法・僧を念ずる心がおこる。舎利弗よ。その仏国土は、このようにすぐれた徳でかざられたうるわしいありさまを成しとげているのだ。

舎利弗よ。おんみはどのようにおもうか、「どういうわけで、かの仏を阿弥陀と号《な》づけたてまつるのか」ということを。

舎利弗よ。かの仏の光明は量《はか》りなく、十方の国ぐにを照らしてさまたげるものがなく、至らぬくまとてない。それで、阿弥陀と号《な》づけたてまつるのだ。

また舎利弗よ。かの仏の寿命も、それに、かの国に生まれた人びと〔の寿命〕も、量《はか》りがなく辺《ほと》りがなくて、阿僧祇劫《あそうぎこう》という数えきれぬほどの長さである、それで、阿弥陀と名づけたてまつるのだ。

舎利弗よ。阿弥陀仏は、〔生きとし生ける者を救うために、如から来生して、因位の法蔵菩薩と名のられて、五劫の思惟、永劫《ようごう》の修行のあげく〕、仏と成られてから今にいたるまで、すでに十劫という長大な年月を経てこられたのだ。

また、舎利弗よ。かの仏には量りなく辺りないほどにあまたの仏弟子（声聞《しょうもん》）たちがおられる。それらの方がたは、みな、学びつくしてもはや学ぶべきものがなく、尊敬をうけるにふさわしい阿羅漢《あらかん》であり、その数はかぞえつくすことができぬ。〔かの仏にしたがう〕もろもろの菩薩がたも、またまた、同様である。舎利弗よ。かの仏国土には、このようなうるわしいありさまが成しとげられているのだ。

また、舎利弗よ。極楽国土には、生きとし生ける者のうち、すでに生まれた者は、みな、二度と迷いに退堕することがない阿鞞跋致《あびばっち》（不退の位）に達しており、その中の多くは仏とさとりを等しくする最高位の一生補処《ふしょ》の菩薩であり、その数は多く、かぞえても知ることができぬ。量りなく辺りなき、阿僧祇劫の長時をかけて、ただやっとその数を説き明かせるほどだ。

舎利弗よ。生きとし生ける者で、〔阿弥陀仏の浄土のすがたと、仏と、聖衆のことを〕聞く者があれば、いまこそまさに発願して浄土に生まれたいとねがうべきである。そのわけはというと、

〔すでに説かれているような〕すぐれた方がたと浄土において倶《とも》に一処にあつまってお目にかかることができるからだ。舎利弗よ。浄土には、〔限られた能力による〕少い善根や福徳を因縁として、それによって生まれようとしても、それは不可能だ。

舎利弗よ。男であれ女であれ、仏に帰依する人びとが、阿弥陀仏〔の名号のいわれ〕について説かれるのを聞いて、名号をかたく執《と》り持《たも》ち、もしくは一日、もしくは二日、もしくは三日、もしくは四日、もしくは五日、もしくは六日、もしくは七日のあいだ、一心不乱に〔名号を称《とな》える〕ならば、その人が命の終る時に臨んで、阿弥陀仏はもろもろの聖衆とともに、まのあたりに現われたまわれる。この人は、〔命が〕終ろうとする時に、うろたえて気がひっくりかえるようなことはなく、〔命が終ると〕、即ち〔ただちに〕阿弥陀仏の極楽浄土に往生することを得るのである。

この一節は、その深い意味をおしはかりますと、次のように訳することができるかと思います。すなわち、

「舎利弗よ。男であれ女であれ、仏に帰依する人びとが、阿弥陀仏〔の名号のいわれ〕について説かれるのを聞いて、名号を執持して、〔念仏申そうと思いたつ心がおこり、その信心が堅固でたじろがず散り失せることがなしに〕、〔下は一声から〕、もしくは一日、もしくは二日、もしくは三日、もしくは四日、もしくは五日、もしくは六日、もしくは七日と、〔上は一生涯にわたり、念仏申す身となって〕、一心不乱に、〔如来の無二の真実心をいただき、自力の散乱麁動《そどう》の心をはなれる〕ならば、その人が命の終る時に臨んで、〔すなわち、前念に命終して、本願を信受する瞬間に〕、阿弥陀仏が、もろもろの聖衆とともに現前したもうて、〔すなわち、如来の智慧の光明に摂取されて、如来の本願の海に入る〕の

である。この人は、命が終ろうとする時に、うろたえて気がひっくりかえるようなことはなく、〔すなわち、前念に命終して本願を信受し、平生《へいぜい》に金剛堅固の信心の身となっているから〕、命が終ると、〔つまり、自力の心をひるがえすと、後念即生として〕、即ち、〔現生において、即時に正定聚の位に即《つ》き、必ず滅度に至らしめられることにさだまり〕、阿弥陀仏の極楽浄土に往生することを得るのである」

舎利弗よ。わたしは、人びとがこのようにして救われてゆくことを知っているからこそ、このことばを説くのだ。「もし、生きとし生ける者が、この教説を聞くならば、きっと、かの〔阿弥陀仏の〕国土に生まれたいとのねがいをおこすべきだ」と。

舎利弗よ。わたしが今、阿弥陀仏の不可思議な功徳をほめたたえているように、東方〔の世界〕には、また、阿閦鞞仏《あしゅくび》・須弥相仏《しゅみそう》・大須弥仏・須弥光仏・妙音仏をはじめ、このようなガンジス河の砂の数ほどあまたな諸仏がおられて、それぞれがめいめいのお国で、〔仏の三十二相の一である〕広大な舌をお出しになって、三千大千世界をあまねく覆いつくし、〔わたしがいま説いていることが〕真実でまちがいがないと、はっきり証明して仰せられるには、「あなたたちは、この『〔阿弥陀仏の〕不可思議な功徳を称讃する、一切諸仏に護念せられる〔と名づける〕経』を信じなさい」と。

舎利弗よ。南方の世界には、日月灯明仏《にちがっとうみょう》・名聞光仏《みょうもんこう》・大焔肩仏《えんけん》・須弥灯仏・無量精進仏《しょうじん》をはじめ、このようなガンジス河の砂の数ほどあまたな諸仏がおられて、それぞれがめいめいのお国で、広大な舌をお出しになって、三千大千世界をあまねく覆いつくし、真実でまちがいがないと、はっきり証明して仰せられるには、「あなたたちは、この『不可思議な功徳を称讃する、一切諸仏に護念せられる〔と名づける〕経』を信じなさい」と。

舎利弗よ。西方の世界には、無量寿仏・無量相仏・無量幢《どう》仏・大光仏・大明仏・宝相仏・浄光仏をはじめ、このようなガンジス河の砂の数ほどあまたな諸仏がおられて、それぞれがめいめいのお国で、広大な舌をお出しになって、三千大千世界をあまねく覆いつくし、真実でまちがいがないと、はっきり証明して仰せられるには、「あなたたちは、この『不可思議な功徳を称讃する、一切諸仏に護念せられる〔と名づける〕経』を信じなさい」と。

舎利弗よ。北方の世界には、焔肩仏・最勝音仏・難沮《なんそ》仏・日生仏・網明仏をはじめ、このようなガンジス河の砂の数ほどあまたな諸仏がおられて、それぞれがめいめいのお国で、広大な舌をお出しになって、三千大千世界をあまねく覆いつくし、真実でまちがいがないと、はっきり証明して仰せられるには、「あなたたちは、この『不可思議な功徳を称讃する、一切諸仏に護念せられる〔と名づける〕経』を信じなさい」と。

舎利弗よ。下方の世界には、師子仏・名聞《みょうもん》仏・名光《みょうこう》仏・達摩《だつま》仏・法幢《ほうどう》仏・持法仏をはじめ、このようなガンジス河の砂の数ほどあまたな諸仏がおられて、それぞれがめいめいのお国で、広大な舌をお出しになって、三千大千世界をあまねく覆いつくし、真実でまちがいがないと、はっきり証明して仰せられるには、「あなたたちは、この『不可思議な功徳を称讃する、一切諸仏に護念せられる〔と名づける〕経』を信じなさい」と。

舎利弗よ。上方の世界には、梵音《ぼんのん》仏・宿王仏・香上仏・香光仏・大焔肩仏・雑色宝華厳身《ざっしきほうけごんしん》仏・娑羅樹王《しゃらじゅおう》仏・宝華徳仏・見一切義仏・如須弥山仏をはじめ、このようなガンジス河の砂の数ほどあまたな諸仏がおられて、それぞれがめいめいのお国で、広大な舌をお出しになって、三千大千世界をあまねく覆いつくし、真実でまちがいがないと、はっきり証明して仰せられるには、「あなたたちは、この『不可思議な功徳を称讃する、一切諸仏に護念せられる〔と名づける〕経』を信じなさい」と。

舎利弗よ。あなたはここのところをどうおもうか。「なぜ、この経を『一切諸仏に護念せられる〔と名づける〕経』と名づけるのかということを」

舎利弗よ。もし、男であれ女であれ、仏に帰依する人びとが、諸仏がお説きになられた〔阿弥陀仏の〕名《みな》およびこの『一切諸仏に護念せられると〔名づける〕経』の名を聞くことができると、これらのもろもろの善男・善女は、みな、すべての諸仏が、ともにお護り下される身となり、みな、この上ない正しいさとりから退転することがない境地を得る。それゆえ舎利弗よ、おんみたちはみな、わたしがいま説いてきたこと、そして、諸仏がたがお讃《ほ》めになられたところを、よくよく信じ身に受けたもつがよい。舎利弗よ。人びとの中には、すでに往生を願っている者、いま往生を願う者、これから往生を願おうとする者があろうが、これらの者が阿弥陀仏の浄土に生まれたいと欲《おも》えば、みな、この上ない正しい覚《さと》りから退転することがなく、かの国に、すでに生まれおわり、いま生まれ、これから生まれるであろうことにまちがいはない。それゆえ舎利弗よ。

阿弥陀仏のおしえを信じさせていただく善男・善女はきっと〔往生の〕ねがいをおこして、かの国土に生まれることができるのだ。

舎利弗よ。わたしが今、諸仏の不可思議な功徳をほめたたえたように、諸仏もまた、わたしの、凡知では思い議《はか》ることができない徳のはたらきをほめたもうて、このように申される。

「釈迦牟尼仏は、よく、はなはだむずかしく、世にたぐいまれなことを成しとげた。よく、娑婆国土の五濁悪世、時代そのものが不安であり（劫濁）、思想が混乱し（見濁）、欲望がうずまき（煩悩濁）、社会がみだれ（衆生濁）、生活自体が不安で死をおそれておののいている（命濁）なかで、この上ない仏のさとりをひらき、生きとし生ける者を救うために、このような、凡夫のはからいからは信じがたい『難信の法』を説かれた。〔なんとすばらしいことであろうか〕」と。

舎利弗よ。よく知るがよい。わたしは、このような五濁悪世の中で、このむずかしいことを成しとげ、この上ない仏のさとりを得て、あらゆる世の人びとのために、このような「難信の法」を説こうとするのだ。〔人びとに自力の心をすてさせ、仏智の不思議を信じさせることを、納得《なっとく》させるのは〕、とてもむずかしいことというよりほかはない。

仏が、この『経』を説きおわられますと、舎利弗をはじめとする比丘《びく》たち、〔また、その説法の座につらなっていた〕すべての世の中の神がみ、人びと、阿修羅《あしゅら》たちは、仏のお説きになられたところをうけたまわり、歓喜信受して、礼拝し散会したのでありました。

仏が説きたまえる阿弥陀経（終）

三　浄土の荘厳

阿弥陀仏の浄土のうるわしいありさま、依報《えほう》であるその国土の荘厳《しょうごん》と、正報《しょうほう》である仏の主《しゅ》荘厳、聖衆の伴《ばん》荘厳につきましては、すでに『大無量寿経』に広く説かれたところでありました。『大経』には、法蔵菩薩の発願修行と本願の成就が説かれ、浄土の因について詳しく明かされていますが、本経には、ただ、その果だけが示されています。その荘厳のありさまについては、すでに私訳でおわかりいただけたかと思いますので、ここでは、経の「青色青光《しょうしきしょうこう》、黄色黄光《おうしきおうこう》、赤色《しゃくしき》赤光《しゃっこう》、白色白光《びゃくしきびゃっこう》」についてふれておきましょう。

『大経』には、浄土の蓮華について、「優鉢羅華《うはらけ》・鉢曇摩華《はどまけ》・拘物頭華《くもつずけ》・分陀利華《ふんだりけ》」と、ウトパラ・パドマ・クムダ・プンダリーカと呼ばれる「はす」や「ひつじぐさ（睡蓮）」が色とりどりに咲いていることが説かれています。あるいは、熱帯植物園へ行って、ああそうかと感じられる方もあろうかはしれませんが、普通、わたくしたちに、青・黄・赤・白の蓮華といわれましても想像がつきません。しかし、「青色青光黄色黄光赤色赤光白色白光」と誦《とな》えていますと、おのずと心象風景が浮んではこないでしょうか。

何ものにもさまたげられない大光明、太陽や月のひかりに超えすぐれた如来の光明の世界に照らしだされた私たちは、それぞれ、その大光明の中に、もちまえのままに個性が生かされて、青は青のままに光を放ち、黄は黄のままに光を放ち、赤は赤のまま、白は白のままに光を放って、それらがたがいに映《うつ》しあい照しあう世界、これこそが念仏者の生活であると味われましょう。光に遇う者は、一切の業繋《ごっけ》が除かれるのであります。この念仏の道を「名号」にあらわし、その不可思議の徳を諸仏が称讃したまい、念仏する人を諸仏が護《まも》り念じたもうことを説かれたのが、本経であります。諸仏は、阿弥陀仏の名号を称《ほ》めたたえて、その真実を、口をそろえて証明あそばされたのでした。しかし、それは、自己のはからいに執われているわたくしたちにとって「難信の法」であると申されているのであります。

四　難信の法

『経』に、「〔弥陀の〕名号を執持して、若《も》しは一日、〔乃至《ないし》〕七日、一心不乱ならば、その人、命終の時に臨んで、阿弥陀仏は、もろもろの聖衆とともに、その前に現在したもう」とあります。これを、文面からいただきますと、私たちがひたむきに、一心不乱に念仏をすると、臨終に、私たちの前に、阿弥陀仏が聖衆をしたがえて、あらわれて下さることと申せましょう。親鸞聖人は、本経に顕説されているところを「真門の方便」とみなされました。

「真門の方便について、善本があり、徳本がある。また、定の専心があり、また、散の専心がある。また、定散の雑心がある。雑心とは、大乗・小乗の人、凡夫も聖者も、すべての善人・悪人が、おのおの〔読誦《どくじゅ》・観察《かんざつ》・礼拝《らいはい》・讃歎供養《さんだんくよう》という〕助業《じょごう》と〔称名の〕正業《しょうごう》とをまじえて修めようとする〔自力の〕心で名号を称念することである。まことに、〔それは〕、教は〔本願の名号を説くものであるから、たちどころに救われる〕頓であるが、〔これを修する人の〕機根は〔自力によって次第に近づこうとする〕漸機である。行は〔称名をもっぱらにする〕専であるが、心は〔自力であり、助正が〕まじっている。それで雑心というのである。定散〔つまり、慮《おもんぱかり》をやめて心をこらし、あるいは散り乱れて麁《あら》く動いた心で悪を廃し善を修しようとする、自力の〕専心は、〔仏智の不思議を疑いながらも、自分の行為が悪であれば罪を、善であれば福をうけるという〕罪福を信ずる心で本願のはたらき〔による救い〕を願い求めることである。これを自力の専心と名づけるのである。善本は、如来の嘉名《かみょう》である。嘉名いうのは、よろずの善がまどかにそなわり、あらゆる善法の根本であるから、善本というのである。徳本というのは、如来の徳号である。この〔弥陀の果徳そのものである〕徳号は、一声称念すると、至極《しごく》の真実功徳が成就し満ちみちているのであらゆる禍《わざわい》がみな転じられる。〔それは〕十方三世の〔諸仏の〕徳号の本《もと》である。だから、徳本というのである」（『化身土文類』本）

といわれています。

つまり、聖人は、この経に説かれているところには、方便と真実との二面があり、顕彰隠密の両義があるとされたのであります。『経』に顕説されているところからは、一切諸行の少善をさしおいて善本・徳本の名号を開き示し、自利（自力）の一心をはげまして、「難思往生」をすすめたもうことでありますが、経文にひそかにかくされた意味を彰《あら》わすと、それは「真実難信の法」を説かれていることにあるといわれるのです。たとえば、「執持名号《しゅうじみょうごう》」の「執持」というのは、自分の心をたのんでかたくとりたもつことではなく、如来廻向の信心が「堅牢で移転せず、散らず失われない」ことであり、「一心不乱」の「一心」とは、「〔如来廻向の〕無二の真実心」を意味するのであります。私たちが諸善万行をさしおいてひたすら念仏し、主観的には「一心不乱」に称名してはおっても、奥深く根づよい「自力の執心」はなかなか離れがたいのであります。この「執心」を掘りおこし、根こそぎにこれを転じて、真実に帰せしめて下さるのが、本願のはたらきにほかなりません。そして、如来のおてだては、このような自力念仏の者を本願他力に帰せしめて、必ず「難思議往生」を果《はた》し遂《と》げさせて下さるのであります。これこそまさしく仏智の不思議を疑う者には信じがたい「難信の法」であります。

＊ 襄陽の石経には、現行の『阿弥陀経』の「不可以少善根福徳因縁得生彼国」の文のつぎに、「専持名号、以称名故、諸罪消滅、即是多善根福徳因縁」の二十一字が加えられており、法然上人は、これを、諸善を少善根、念仏を多善根とする証とされています。親鸞聖人も、元照の『弥陀経義疏』により、「化身土文類」本に引用されました。

聖人は阿弥陀経に顕説される立場を、

「願はすなわち植諸徳本の願である。行はこれに二種あり、一つには善本、二つには徳本である。信はすなわち至心廻向欲生の心である。第二十願である。機には定があり、散がある。往生というのは難思往生がこれである。仏は化身である。念はすなわち疑城胎宮がこれである」（「化身土文類」本）

とし、この『経』のこころを「釈迦牟尼仏は、〔『阿弥陀経』に〕あらゆる功徳を収めた名号の功徳蔵を開きのべて、十方の濁れる末の世の人びとを勧めおしえたまい、阿弥陀如来はもと、果遂《かすい》の誓（第二十願）をおこして、あらゆる生きとし生ける者を慈悲によって浄土にみちびきたもうのである」（同上）といいただかれ、十方諸仏の証誠護念により、今、「難信の法」に遇い、真実の行信を獲て遠く宿縁をよろこばれたのでありました。

諸仏ノ護念証誠ハ　悲願成就ノユヘナレバ
金剛心ヲエムヒトハ　弥陀ノ大恩報ズベシ（「弥陀経意」四）
五濁悪時悪世界　濁悪邪見ノ衆生ニハ
弥陀ノ名号アタヘテゾ　恒沙ノ信心ススメタル（五）

おわりに

祖意にたがうことをおそれつつ、一おう、『浄土三部経』のあらましを述べてまいりました。

親鸞聖人は、「化身土文類」本に、三経の真仮を分判して、

「しかるにいま、『大本（大経）』によりますと、〔法蔵菩薩は〕真実・方便の願を超発あそばされました。また『観経』には、方便・真実の教を顕・彰されています。『小本（小経）』には、ただ真門をひらいて方便の善は説かれておりません。ここをもって、三経の真実は、選択本願を宗とするのであります。また、三経の方便〔の説〕は、すなわち、これはもろもろの善根を修するのを要としています」

と述べられ、三経につらぬかれている真実は、「金剛の真心をひらいて摂取不捨をあらわさんとする」ところにあり、真実報土に往生する真因は、まさしく「信楽《しんぎょう》」の「一心」のほかにはないと申されました。

「『大経』には〈信楽〉といっている。如来の誓願は、疑いの煩悩がちりばかりもまじらぬ疑蓋無雑《ぎがいむぞう》であるから、信というのである。『観経』には〈深心〉と説いている。〔諸善万行を修する定散〕諸機の浅信に対するから〈深〉というのである。『小本（小経）』には〈一心〉

といわれている。二行がまじることがないから〈一〉というのである。また〈一心〉には、深があり、浅がある。〈深〉というのは〔如来の〕利他真実の心がこれである。〈浅〉というのは定散自利（自力）の心がこれである」

といわれるのであります。この聖人のお心をよくよく味わいたいものでございます。

この書の筆をとるようにすすめてくれたのは、法蔵館の美谷克美氏でありました。たまたま、同館が企画した『真宗新辞典』の教義関係を、畏友大門照忍君と私が担当することになり、聖教を精読させて頂く機会を得ましたので、副産物といっては何ですが、お引きうけする気になったのです。戦後間もなくから怠けがちな小生を、温かい目で見まもって下さった館主西村七兵衛氏、また、この書の上梓をこころよくひきうけて下さった社長西村明氏に、改めてお礼を申し上げます。（昭和五十八年の仏生会に）

堤　玄立（つつみ　げんりゅう）

1924年三重県上野市生まれ。龍谷大学文学部卒業。法藏館編集主任を経て龍谷大学図書館部長。真宗高田派鑑学、真宗高田派大仙寺元住職。1985年逝去。

著書に『信と証－親鸞教学序説』、『専修寺本　善導大師五部九巻全4巻』（解説）、『生死即涅槃』、『真宗新辞典』（共編）、『現代真宗法話集全3巻』（編著）など。

新装版　親鸞セミナー　浄土三部経

一九八三年　八　月二〇日　初　版第一刷発行
二〇二四年　二　月二五日　新装版第一刷発行

著　者　堤　玄立
発行者　西村明高
発行所　株式会社　法藏館
京都市下京区正面通烏丸東入
郵便番号　六〇〇－八一五三
電話　〇七五－三四三－〇〇三〇（編集）
〇七五－三四三－五六五六（営業）

装幀　山崎　登
印刷・製本　亜細亜印刷株式会社

ISBN 978-4-8318-6599-1 C3015